Gutes
Bairisch

Klaus Grubmüller

Gutes Bairisch

Eine Anleitung zur gepflegten Konversation

Mit erläuternden
Empfehlungen
zum Grundwortschatz

Volk Verlag München

fürs Suiverl

Coverillustration: Dirk Eckert

Die Deutsche Bibliothek verzeichnet diese Publikation in der Deutschen Nationalbibliografie; detaillierte bibliografische Daten sind im Internet über https://portal.dnb.de/ abrufbar.

2. Auflage, Januar 2023
© 2022 Volk Verlag München
Neumarkter Straße 23; 81673 München
Tel.: 089 / 420 79 69 30; Fax: 089 / 420 79 69 86

Druck: Pustet, Regensburg
Alle Rechte, einschließlich derjenigen des auszugsweisen Abdrucks sowie der photomechanischen Wiedergabe, vorbehalten.

ISBN 978-3-86222-423-4
www.volkverlag.de

Inhalt

7 **Mundart und Prestige**

13 **Bairisch in Bayern: der Geltungsbereich**

18 **Wissen schändet nicht: ein paar Grundelemente der Grammatik des Bairischen**

21 **Das Lautbild**
oans, zwoa, drei: Vokale
Bäda, *Gribbi* und *Breiss*: Konsonanten

30 **Die Flexion**
Am vadda sei huat: Substantive
I sogat und i hob denkt: Verben

32 **Das unentbehrliche Kleinzeug**
Zahlwörter
Pronomina
Präpositionen

35 ***derblecken*, *nackat* und *wettermassi*: Wortbildung**

37 ***der wo* und *koa problem net*: Syntax**

40   **Hinweise zur Gesprächsführung**

48   **Grundwortschatz: eine Auswahl für die gepflegte Kommunikation**
              a – zwinga

116   **Anhang**
             Vokabelheft (für eigene Beobachtungen)
             Wiedereingliederungsmaßnahme: Der Berliner Jemsenjäger
             Literatur

I. Mundart und Prestige

Als der Fußball-Manager Matthias Sammer vor einigen Jahren beim FC Bayern München engagiert war, missfiel ihm die etwas träge Spielweise seiner Mannschaft. Er nannte sie „lätschern". Das Wort gibt es nicht. Warum also sagte er das? Wer sollte das verstehen? Wohl kaum die nur in Teilen deutschsprachige Mannschaft, nicht einmal eingebürgerte Spieler wie Manuel Neuer oder Joshua Kimmich; höchstens der Oberbayer Thomas Müller hätte eine Ahnung davon entwickeln können, was Herr Sammer damit meinte. Matthias Sammer hat das vermeintliche bairische Dialektwort also nicht verwendet, um sich verständlich zu machen. Auch nicht, um sich einzugliedern und als Angehöriger einer Peergroup auszuweisen: Seine Peergroup war des Bairischen ja gerade nicht mächtig. Er muss so geredet haben, um sich als besonders abzusetzen, um sich als jemand hervorzutun, der neben der vertrauten Alltagssprache noch ein anderes Register beherrscht, hier das der Mundart. Das birgt aber Risiken: Diese zusätzliche, das Gewöhnliche übersteigende Redeweise muss auch beherrscht werden. Sonst droht statt der angestrebten Profilierung die Blamage. Die Sprechsituation ist also eine grundsätzlich andere als beim autochthonen Mundartsprecher, der in der Sprache spricht, in die er hineingewachsen ist, und der deswegen sozusagen immer „richtig" spricht. Es ist reizvoll, beim Sprechen verschiedene Register zu benutzen, aber wenn sie verfehlt werden, führt das zu einer Art sprachlicher Großmannssucht voller Peinlichkeiten. Es ist eines der Ziele dieses Büchleins, solchen Peinlichkeiten vorzubeugen.

Es deckt sich nicht mit der allgemeinen Vorstellung von der Geltung der Mundarten im Deutschen, dass Mundart dazu dienen kann, sich auszuzeichnen. Mundarten gelten weithin immer noch als die Sprache der einfachen Leute, der Bauern und Handwerker. (Das zeigt sich etwa in dem von dem Germanisten Friedrich Maurer 1934 ausgearbeiteten Mundartfragebogen, auf den sich zum Beispiel das große Bairische Wörterbuch (BWB) immer noch stützt.) In dem Maße, in dem sich deren Lebenswelten verändert haben, in dem vor allem die Bedeutung der bäuerlichen Arbeit zurückgetreten ist und diese sich technischer, oft beinahe industrieller Tätigkeit angenähert hat, verschwinden aber die Gelegenheiten und auch die Notwendigkeiten, die herkömmlichen Bezeichnungen für bestimmte Geräte oder Vorkommnisse zu verwenden. Für den Satz „Die Lampen rußen" (Maurers Fragebogen, Nr. 87) wird es, außer vielleicht in einigen abgelegenen Almhütten, kaum noch Anlässe geben. Und „Der über den beladenen Heuwagen zum Festhalten des Heues gelegte Baum" (Maurers Fragebogen, Nr. 45) wird nicht mehr benötigt, wenn das Heu in Ballen zusammengepresst und in Folien eingewickelt wird. Wenn der *Wīsbām* im Alltag nicht mehr vorkommt, gibt es auch keine Notwendigkeit mehr, ihn zu benennen. Dann verschwindet auch das Wort – oder es erhält eine andere, neue Funktion: eine „antiquarische", indem es kulturhistorische oder sprachgeschichtliche Interessen auf sich zieht. Oder es indiziert eine Redeweise, die nicht mehr nur auf praktische Verständigung ausgerichtet ist, in der vielmehr „veraltete" oder nur regional geltende Wörter bestimmte Stilvaleurs oder Sprecherhaltungen anzeigen können. Die instrumentelle Funktion der Sprache wird erweitert um eine expressive. Sie kann sich in ästhetischen Empfindungen niederschlagen („Dialekt ist wie Musik ohne Musik", so in einer Werbeanzeige des Bayerischen Rundfunks), emotionale Bindung aufrufen („Heimat" oder „das vertraute Geräusch der Kindheit", ebd.) oder diese auch fundieren (die – angebliche – „Wärme" des Dialekts).

Über ihre expressive Funktion kann der Sprecher seinem Verhältnis zur Sprache Ausdruck verleihen, er kann sich von der reinen Mitteilungsfunktion lösen, er kann sie sogar, in der ironischen Rede, bis ins Gegenteil verkehren, er kann sie aber auch dazu nutzen, sich selbst einen bestimmten Habitus zuzuschreiben, etwa den des souveränen Geistes, der sich im spielerischen Gebrauch der Sprache über die bloßen Notwendigkeiten erhebt.

Das gilt nicht nur für das Bairische. Auch plattdeutscher Regionalwortschatz, kölsche, schwäbische, auch berlinerische Vokabeln werden so eingesetzt. In Münster haben Reste einer alten Händler- und Gaunersprache überlebt („Masematte"), die gerade wieder in den Sprachgebrauch eindringt. Gerade daran lässt sich sehr schön ablesen, welches Ausdrucksbedürfnis sich im Gebrauch der Mundart niederschlägt: Es gibt dafür keinerlei kommunikative Notwendigkeit mehr, alle Kommunikationssituationen, auch in Handel und Gewerbe, sind hochsprachlich erfasst. Die Trägerschicht ist ausgestorben. Kein Kind wächst mit Masematte auf und muss erst ans Hochdeutsche herangeführt werden. Und es sind auch nicht die sozial benachteiligten Unterschichten, die *Leeze* für ‚Fahrrad' sagen,

Maimelatur für ‚Regen' oder *Segers* für ‚Kerl'. Es ist vielmehr eine intellektuelle, zumeist akademisch gebildete Schicht, die sich im spielerischen Verfügen über Sprache ihrer Souveränität versichert.

Dass Sprachmischung Virtuosität vorführen soll, ist eine altbewährte Technik; die makkaronischen Gedichte des Barock sind das bekannteste Beispiel. Neu ist hingegen, dass es die Mundart ist, die diese Aufgabe übernehmen kann. Die Mundart hat ihren Status verändert und erweitert – und sie nutzt oder egalisiert damit ihren angeblichen, oft beklagten Bedeutungsverlust. Dass das Bairische – amtlich bestätigt – zu den bedrohten Sprachen gehöre (2. Weltatlas der bedrohten Sprachen der Unesco), ist gängiger Bestandteil nahezu jeder Beschäftigung mit diesem Dialekt. Das reicht bis hin zur Forderung, es im Schulunterricht zu lehren. Die Voraussetzung stimmt jedoch nicht, also ist die Forderung falsch. Das Bairische stirbt nicht aus, es wandelt sich, wie alle Sprachen, im historischen Prozess. Es verliert bestimmte Funktionen, meist weil sie nicht mehr benötigt werden – und es gewinnt andere hinzu, gerade weil die Bindung an die Bewältigung des Alltags abnimmt. Aber es behält diese natürlich bei. Sonst verlöre es ja seinen Status als Mundart und würde zur Kunstsprache.

In bestimmten Situation – häufiger auf dem Land als in der Stadt – fungiert das Bairische auch weiterhin als Verständigungsmittel, wenn auch nicht mehr als das ausschließliche. Heute gibt es kaum noch einen Bauern, der sich nicht in der Stadt verständlich machen kann, einen

Schüler oder eine Schülerin, die im Hochdeutschen hilflos sind. Dabei sind die Voraussetzungen selbstverständlich nicht für jeden und jede gleich.

Die pädagogische Aufgabe besteht darin, die unterschiedlichen Bedingungen zum Thema zu machen. Wer zu Hause bairisch spricht, muss eben erst dafür sensibilisiert werden, dass im Hochdeutschen ein (durchaus zweifelhafter!) Unterschied zwischen Präteritum und Perfekt gemacht wird, bevor das abgefragt werden kann: *i hob gsogt* ist genau so korrekt wie *ich sagte* – es gehört nur in ein anderes Register. Wer damit aufgewachsen ist, dass der Hahn *Gockel* heißt, kann nicht ohne Vorbereitung das Ableitungsverhältnis zu *Henne* erkennen.

Das Bairische ist, wenn es denn gesprochen wird, lebendige Mundart, also selbstverständliches Verständigungsmittel im Alltag. Es ist in diesem Fall tatsächlich „die erste Sprache", „das vertraute Geräusch der Kindheit" (Werbeanzeige des BR, siehe oben), und dann – nur dann – kann es auch die sentimentalen Wirkungen entfalten, Vertrautheit und Wärme, die ihm zugeschrieben werden.

In diese Sprache wächst man hinein, man lernt sie nicht in der Schule, sondern in der Familie, auf der Straße, unter Freunden. Was dort gesprochen wird, gilt. Was soll man da lehren? Wie und warum Bairisch zur Unterrichtssprache machen? Das wäre nur sinnvoll für jene, die in diese Sprache nicht „hineingewachsen" sind, die sie als Zweitsprache erlernen. Das sind aber nun freilich gar nicht wenige und deshalb wäre das tatsächlich zu erwägen: Bairische Sprachkompetenz könnte eine große Hilfe für alle Integrationsbemühungen sein. Aber vielleicht sollte man auch hier nicht auf die Schule setzen, sondern auf den Lebensraum der Mundart: den Umgang der Menschen untereinander im Alltag.

Für alle aber ist die Mundart, und insbesondere eine weiterhin so im Alltag verankerte wie das Bairische, Teil eines geschichteten Sprachsystems, das für die unterschiedlichen Kommunikationsbedürfnisse unterschiedliche Register vorsieht – eine sprachinterne Mehrsprachigkeit, die die gleichen Chancen eröffnet wie jede Zwei- und Mehrsprachigkeit. Es kommt jetzt darauf an, die Chancen dieser Schichtung zu erkennen und zu nutzen, Flexibilität im Wechsel der Register zu erlernen und einzuüben, die gedankliche und sprachliche Beweglichkeit insgesamt zu entwickeln. Vielen Landschaften Deutschlands, in denen die „erste Sprache" gleich das Hochdeutsche ist, eröffnet sich diese Chance nicht, dem Bairischen schon.

II. Bairisch in Bayern: der Geltungsbereich

Bairisch ist nicht einfach die Sprache, die im Freistaat Bayern gesprochen (oder zumindest zu sprechen versucht) wird. Wir unterscheiden deshalb in der Schreibung das Staatsgebilde „Bayern" und die Sprache „Bairisch".

Der Freistaat ist ein heterogenes Gebilde. Ihm wurden bei der Neuordnung des Reichs unter Napoleon in den Jahren 1803 bis 1815, die Bayern auch die Königswürde einbrachte (1806), neben den ehemals freien Reichsstädten, also insbesondere Augsburg, Regensburg und in Franken Nördlingen, Rothenburg ob der Tauber und dem mächtigen Nürnberg, vor allem die vielen kleineren Herrschaften in Franken zugesprochen: die Fürstentümer Ansbach und Aschaffenburg, die Fürstbistümer Bamberg und Würzburg, das Markgrafentum Bayreuth und viele andere. Diese „hinzugewonnenen" Gebiete haben großenteils ihre eigenen Traditionen und vor allem auch ihre eigene Sprache: das Fränkische und in geringerem Maße auch das Schwäbische.

Bairisch spricht man in Bayern im Gebiet des alten Kurfürstentums: in Ober- und Niederbayern und in der 1628 hinzugekommenen Oberpfalz, also südlich der Donau, mit einer Ausbuchtung nach Norden. Was sonst in Bayern gesprochen wird, sind Grenzmundarten der anderen Regionen, des Fränkischen und des Schwäbischen, die von der Urbevölkerung lächelnd ertragen werden.

Chauvinistische Grenzziehungen dieser Art sind, auch wenn sie historisch begründet sind, menschlich natürlich verwerflich. Sie diskriminieren einen großen Teil des bayerischen Staatsvolks und spalten die Gesellschaft. Aber es hilft ja nichts: Manchmal muss man sich den Fakten beugen. Die sprachliche Zerrissenheit Bayerns, also das Ausfransen des Bairischen durch das Andrängen fremdartiger Sprachgestalten, spiegelt die Entstehung des Freistaats.

Der Kernbayer, der im Aufstand der Bauern des Oberlandes und in der Sendlinger Mordweihnacht von 1705 über seinen eigenen Legitimationsmythos verfügt („Lieber bairisch sterben, als kaiserlich verderben"), stellt sich den Gefahren mannhaft. Er verteidigt seine historische Mission und bemüht sich natürlich auch, die benachteiligten Regionen durch allerlei kompensatorischen Aktionen bei der Stange zu halten. Den Franken werden immer wieder hohe politische Ämter zugestanden, manchmal sogar das des Ministerpräsidenten, die Beamtenschaft galt lange Zeit als fränkisch durchsetzt und wichtige Industriezweige werden den Franken überlassen, zum Beispiel die Produktion von (kleinen) Würstchen; den Schwaben wird gelegentlich die Erfindung des „Datschis" zugestanden, was der Stadt Augsburg zum Ehrennamen „Datschiburg" verholfen hat (zum Wahrheitsgehalt siehe S. 61).

Gutes Bairisch spricht man, grob und mit dem Hochmut des „Kernbayern" formuliert, im Angesicht der Alpen, bei sehr guter Sicht etwa bis auf die Höhe von Landshut, das heißt im Chiemgau und im Berchtesgadener Land, im bayerischen Oberland, auch noch in den niederbayerischen Landkreisen bis hin zur Donau (entspricht dialektgeografisch etwa der Nordgrenze des Mittelbairischen, vgl. Karte 4 in: BWB I, XXXV), mit speziellen Abweichungen (charakteristisch: nordbair. *kou* vs. mittelbair. *kua* für hochdt. *Kuh;* BWB I, Karte 4*)* noch in der Oberpfalz und in Teilen des Bayerischen Walds. Dieses Gebiet umfasst auch Ludwig Zehetners „Lexikon der deutschen Sprache in Altbayern" (Bairisches Deutsch).

Im Westteil des Landkreises Weilheim-Schongau und im Kreis Landsberg am Lech macht sich das Schwäbische (BWB I, Karte 4) schon bedenklich breit. Die Landkreise München und Starnberg gelten wegen der starken Durchmischung der Bevölkerung und der Dominanz von Führungspersonen (der sogenannten besseren Kreise) als Krisengebiet; auch ihnen soll durch dieses Büchlein der Anschluss ermöglicht werden.

Aus biografischen, emotionalen und sachlichen Gründen liegt der Schwerpunkt hier auf dem Oberland (den Landkreisen Miesbach, Bad Tölz-Wolfratshausen, Garmisch-Partenkirchen), also dem Rekrutierungsgebiet der aufständischen Bauern von 1705, um Tölz, Waakirchen und Königsdorf als Zentren der Aufrührer. Gegen allfällige Ungerechtigkeiten hilft ein Blick in die Darstellungen von Hans Kratzer und Hans Ulrich Schmid, in denen auch das Nordbairische und das Mittelbairisch der Niederbayern gebührend berücksichtigt werden.

In den Großstädten gelten besondere Bedingungen. Die starke Bevölkerungsfluktuation führt zu vielfachen Ausgleichsbewegungen, einer Eigenart von Stadtsprachen überhaupt: der Übernahme von sprachlichen Eigenheiten der Zuwanderer einerseits, der Abschleifung regionaler Besonderheiten andererseits. (z. B. wird in München die im Umland geltende Verdumpfung des *a* nicht übernommen, es gilt *nacht*, nicht *nōcht*).

Für Regensburg (die Hauptstadt der Oberpfalz!), das ja erst relativ spät (1810) zum Königreich Bayern kam, führt das schon im frühen 19. Jahrhundert durch den Zuzug aus dem mittelbairisch geprägten Umland zur Distanzierung vom räumlich eigentlich zuständigen Nordbairisch-Oberpfälzischen und zu einer starken Annäherung an das südlichere Mittelbairisch.

Die Großstadt München gilt Sprachpflegern bereits als verloren, nicht ganz zu Unrecht. München will „Weltstadt" sein und zieht ja tatsächlich Menschen aus aller Welt und erst recht aus allen deutschen Bundesländern an. Schon wegen der Notwendigkeit der Verständigung im Alltag haben da Wörter oder Satzmuster, die nicht jeder versteht, keinen rechten Platz.

Andererseits: Gerade weil sie nicht jeder versteht, haben solche „Provinzialismen" ihren Reiz. Sie erlauben dem Sprecher (z. B. Matthias Sammer, siehe oben), sich abzusetzen, „besonders" zu sein. Und wenn ihm dieser Ausflug gelingt, wenn er das andere Register – anders als Matthias Sammer – beherrscht, weist ihn das auch noch als besonderen Könner aus, kein geringer Anreiz in einer Stadt der Snobs, in der der Dandy sich auf den Genuss von Schnupftabak kapriziert und in der sich die feine Gesellschaft darin gefällt, Dirndl und Janker zu tragen. Wenn es stimmt, dass man einem „Preußen" nichts Schlimmeres antun kann, als ihm seine Lederhose zu verstecken, dann hat auch in der Großstadt die Mundart ihre Chance: in neuer, reflektierter und gepflegter Form.

III. Wissen schändet nicht: ein paar Grundelemente der Grammatik des Bairischen

Bei Zeitmangel oder Konzentrationsschwäche kann dieses Kapitel notfalls übersprungen werden. Für dadurch entstehende Schäden wird allerdings nicht gehaftet.

Technische Vorbemerkung: Das Bairische ist eine mündliche Sprache. Es hat sich – abgesehen von kurzlebigen Versuchen Ende des 18. Jahrhunderts – nie den Regulierungszwängen der Schrift unterworfen. Gut für das Selbstbewusstsein, schlecht für die Verständigung. Schriftlich, wie zum Beispiel hier in diesem Büchlein, lässt sich auf Bairisch schlecht verkehren. Zwar hat die Wissenschaft Zeichensysteme entworfen, mit denen sich mündliche Sprache aufzeichnen lässt, etwa das IPA der International Phonetic Association. Das sähe dann – vereinfacht – etwa so aus: ˈboɐ̯.rəʃ iːs gaɪ̃ ‚boarisch is geil'. Aber so will doch niemand leben! So bleibt es nicht aus, dass jeder, der bairische Texte zu Papier bringt, sich sein eigenes System bastelt, meist angelehnt an die Aufzeichnungsgewohnheiten, die wir aus dem Hochdeutschen kennen. So mache ich es auch hier und bleibe dabei der besseren Verständlichkeit wegen so nahe an den standardsprachlichen Regelungen, wie es sich ohne grobe Verfälschungen verantworten lässt. Das geht zwar auf Kosten der wissenschaftlichen Genauigkeit (z. B. weil bei Vokalen die Nasalierung nicht angezeigt wird), aber wenn keiner (und keine!) versteht, was man sagen will, ist das auch für die Katz (→ Apokope, siehe S. 27).

Einige Verabredungen sind darüber hinaus erforderlich: Für das *lange helle a* (wie in *Madrid*) steht hier das Zeichen ā, für das *kurze helle a* steht ă, *einfaches a* steht für das *dunkle a* (wie in *Wagen*), wobei das häufig zu o verdunkelt und dann unter o eingeordnet ist. Wegen der allenfalls historisch noch zu durchschauenden Kennzeichnung der Vokallängen im Hochdeutschen (vgl. etwa *geben, leer, Lehrer)* wird die Länge des Vokals wie üblich durch übergesetzten Querstrich angezeigt: ā (siehe oben), ē, ī, ū, ō. Betonungen werden, soweit nötig, durch den Akzent ' angezeigt.

„Oans, zwoa, droa!" – es kommt vor, dass wohlmeinende Sprachteilnehmer, besonders die norddeutschen oberhalb der Mainlinie, sich stolzen Hauptes mit dieser meist zusammenhanglos vorgebrachten (oder allenfalls mit einem lallend angehängten „gsuffa!") verbundenen Wortfolge als Kenner des Bairischen ausweisen wollen. Da haben wir ihn wieder, den schmalen Grad zwischen Profilierung und Blamage. Ein bisschen mehr muss man schon wissen, wenn man sich einer Kultursprache wie des Bairischen bemächtigen will, zum Beispiel dass Diphthonge zwar das Bairische prägen (und sich deftig anhören), aber nicht allgegenwärtig sind und sich schon gar nicht, wie die Satzzeichen in den Briefen der Frau Rath Goethe, der Mutter des großen Johann Wolfgang, nach Belieben über einen Text verteilen lassen. Die bairischen Diphthonge sind auf bestimmte Lautpositionen beschränkt und die bestimmen sich aus den Lautformen der „Vorgängersprache", des Mittelhochdeutschen. Aber da beginnen schon die Probleme. Denn das Mittelhochdeutsche gibt es gar nicht, jedenfalls nicht als die Einheitssprache, auf die man sich einfach beziehen könnte. Es handelt sich um ein Konstrukt der frühen Herausgeber mittelhochdeutscher Texte zu Beginn des 19. Jahrhunderts. „Das" Mittelhochdeutsche existiert als ein Konglomerat unterschiedlichster Dialektvarianten vom Alemannischen und Schwäbischen über zahlreiche Spielarten des Fränkischen, die bis an die Mosel und ins Kölnische reichen, bis hin zum Thüringischen, Obersächsischen etc. Die einheitliche Bezeichnung Mittelhochdeutsch rechtfertigt sich aber sehr wohl, nämlich als Abgrenzung zum Mittelniederdeutschen, das sich von den hochdeutschen Mundarten fundamental dadurch unterscheidet, dass es von der hochdeutschen Lautverschiebung nicht betroffen ist. Niederdeutsch eben, nicht hochdeutsch. Appel, water, dit und dat sind keine hochdeutschen Wörter geworden.

Unser heutiges Bairisch setzt also die bairisch-österreichische, alpenländische Spielart des Mittelhochdeutschen fort. Hier müssen Erklärungen ansetzen.

1. Das Lautbild

1.1. oans, zwoa, drei: Vokale

Den Klang des Bairischen prägt vor allem sein Reichtum an Diphthongen (Doppelvokale, Zwielaute). Er speist sich aus ganz unterschiedlichen Wurzeln:

1.1.1. Die mittelhochdeutschen langen Vokale ī, ū und ǖ werden im Bairischen wie auch im Großteil des hochdeutschen Sprachgebiets zu **ei**, **au** und **eu**. Es heißt also: **dein** (aus mhd. *dīn*), **haus** (aus mhd. *hūs*), **neu** bzw. **nai** (→ Entrundung, siehe S. 25, aus mhd. *niuwe*).

Merke: Diese aus den mittelhochdeutschen Langvokalen neu entstandenen Diphthonge werden nicht weiter diphthongiert. Deshalb heißt es zum Beispiel **drei** (aus mhd. *drī*) und nicht: *droa*, auch wenn das scheinbar so schön bairisch klingt.

1.1.2. Die alten mittelhochdeutschen Diphthonge **ie**, **uo**, **üe**, die im Großteil der übrigen Mundarten und im Hochdeutschen zu den langen Vokalen ī, ū und ǖ werden, bleiben im Bairischen erhalten, es heißt also weiterhin: **guot** (nicht: *gūt*), **güete** (nicht: *gǖte*) und auch **bieten** (nicht: *bīten*).

Diese Veränderung wird inkonsequenterweise in der Schrift nur bei **ü** und **ū** wiedergegeben, während das lange ī weiterhin mit dem Schriftzeichen **ie** bezeichnet wird. Im Wort **die** steht **ie** im Mittelhochdeutschen für den Diphthong **ie**, im Neuhochdeutschen aber für den langen Vokal ī – einer der Gründe dafür, dass dieses als funktionslos erkannte **e** zum Zeichen für Vokallänge umgedeutet werden konnte.

1.1.3. Zu diesem alten Bestand treten neue Diphthonge, besonders die Weiterentwicklung des mittelhochdeutschen Diphthongs **ei** zu **oa**. Deshalb heißt es: **oans** nicht (wie mhd. und hochdt.) *eins*, **koan** nicht (wie mhd. und hochdt.) *kein*, **boarisch** nicht (wie mhd. und hochdt.) *beirisch/bairisch*.

Merke: Dieses *oa* gilt landläufig, besonders im nördlichen Deutschland, als prägendes Merkmal des Bairischen (siehe auch SCHMID, 20 f.). Das schlägt sich in sogenannten Merkwörtern nieder wie *oachkatzlschwoaf* ‚Eichkätzchenschweif' und *loawidoag* ‚Leiberlteig = Semmelteig', auch in der vor allem von Oktoberfestbesuchern aus aller Welt zelebrierten Aufforderung *oans, zwoa, drei, gsuffa*. Falsche Generalisierungen (z. B. das unmögliche *floasch*) sind in diesem Bereich offensichtlich besonders verführerisch (und peinlich).

1.1.4. Im Ergebnis fällt mit diesen neuen Diphthongen aus mhd. **ei** auch die Weiterentwicklung von mhd. **uo** zu **oa** vor m und n zusammen, besonders ins Auge fallend und den Ton prägend in **doa** ‚tun' aus mhd. *tuon*.

1.1.5. Schließlich fällt auch besonders die im Bairischen früh eingetretene Wandlung (Vokalisierung) des Konsonanten l nach Vokalen auf:
al wird zu **ai/oi**,
el wird zu **ei**,

il wird zu **ui** (über ii und anschließende Dissimilierung),
ol wird zu **oi**,
ul wird zu **ui**.

Das führt zu einer Vielzahl neuer und sehr charakteristischer Wortformen:
boid statt *bald*,
feid statt *Feld*,
geid statt *Geld*,
weid statt *Welt*,
wuid statt *wild*,
woin statt *woln/wollen*,
buifa (mit binnendeutscher Konsonantenschwächung, siehe S. 28) statt *Pulver*,
suiz statt *Sülze*.

Auch vor dem verwandten Konsonanten **r** ist diese Vokalisierung zu beobachten, am auffälligsten in den Kennwörtern **deandl** (zu hochdt. *Dirndl* ‚Mädchen') und **biaschal** (zu hochdt. *Bürscherl*, → Entrundung siehe S. 25).

1.1.6. Die Brechung des **i** zu **ea** (WEINHOLD, §74/75) ist zwar systematisch eher von untergeordneter Bedeutung, trägt aber gleichfalls zum Diphthongreichtum des Bairischen bei, weil sie in den häufig vorkommenden Personalpronomina **eam** aus mhd. *ime* ‚ihm' (3. Person Singular Dativ) und **eana** aus mhd. *inan* ‚ihnen' (3. Person Plural Dativ und gleichzeitig Anredeform) üblich geworden ist.

1.1.7. Gegenläufig zu den das Bairische prägenden Diphthongen wirkt nur die Monophthongierung von mhd. **ou**

zu **ā**, insbesondere im Wort **bām** aus mhd. *boum*, auch in **kaffa**, nhd. *kaufen* (mit Kürzung vor Doppelvokal). Schriftsprachlich geworden ist diese Entwicklung in **Rahm** aus mhd. *roum* ‚Sahne'.

Übung 1
Übertragen Sie die folgenden hochdeutschen Wörter ins Bairische:

Lied ....

Leid ....

Salz ....

halten ....

Stein ....

ihm ....

Sie ....

Wald ....

gut ....

ein Ei / zwei Eier ....

Übung 2

Ordnen Sie die in dem traditionellen „Lied von der Sau" (Strophe 1) vorkommenden Diphthonge in die oben erläuterten verschiedenen Typen der bairischen Diphthonge ein!

„D'Sau, d'Sau, d'Sau hot an schweinern Kopf,
und, und, vier Haxn aa,
und, und, wann ma's genau betracht,
hot's, hot's, hot's an Schwoaf aa.
Ja, Ja, hot's an Schwoaf aa."

Übung 3

Korrigieren Sie die Fehler in den folgenden in der Süddeutschen Zeitung (!) als bairisch ausgegebenen Sätzen:
„Huawa hoisi."
„Auf der Oalm da gibts koa Sünd."

1.1.8 Sehr charakteristisch für das Bairische ist die Aufgabe (bzw. das Unterlassen) der Lippenrundung bei den Vokalen **ö, ü, eu** und **üe** (Entrundung). So heißt es

leffe statt *Löffel*,
gnedl statt *Knödel*,
fimfe statt *fünf*,
bria statt *Brühe*,
freind statt *Freund*,
breiss statt *Preuße*,
gmiat statt *Gemüt*,
briada statt *Brüder*.

Es fehlen dem Bairischen aber nicht nur die durch die Entrundung verloren gegangenen, sondern häufig auch die

durch den Widerstand gegen den für das Hochdeutsche wichtigen i-Umlaut (*Garten* vs. *Gärtner, Schlaf* vs. *Schläfer* etc.) gar nicht erst entstandenen Umlaute, zum Beispiel in:
kramer (dann weiter zu **grama**) statt *Krämer*,
wachter (dann weiter zu **wachta**) statt *Wächter*,
bruggn statt *Brücke*,
auch **Landler** (das volkstümliche Äquivalent des Walzers) statt *Ländler*.

1.1.9. Schließlich gehört auch die Verdumpfung des langen ā zu ō zu den lautlichen Eigentümlichkeiten des Bairischen, wie zum Beispiel in:
vōder (→ *fōda*) statt *Vater*,
rōt statt *Rat*,
brōtn statt *Braten*,
hōt statt *hat*.

Ebenso zu diesen Eigentümlichkeiten gehört der Wandel von **ou** zu **ā** vor m, wie in den Kennwörtern **Bām** (aus *boum*) oder **Drām** (aus *troum*).

1.1.10. Auffällig ist überdies, dass im Bairischen das kurze **ë** im Unterschied zum Hochdeutschen auch in geschlossener Silbe gedehnt wurde: hochdt. *Spëck* heißt bair. **schbēg**, hochdt. *Drëck* entspricht bair. **drēg**.

1.1.11. Schließlich ist für das Bairische charakteristisch, dass die unbetonten Vokale in den Nebensilben sehr unfest sind. Vor allem in der Vorsilbe **ge-** (besonders vor l und r) fällt es fast regelmäßig aus:

glanda statt *Geländer*,
glengg statt *Gelenk*,
glusdn statt *gelüsten*,
gmiad statt *Gemüt*,
graffel statt *Geraffel*,
grichd statt *Gericht*,
gschwind statt *geschwind*,
gwinn statt *Gewinn*.

In den Endsilben ist das unbetonte **e** im Bairischen noch konsequenter geschwunden („Apokope"), als es im Hochdeutschen ohnehin schon der Fall ist. Bairisch heißt es regelmäßig:
höll statt *Hölle*,
breiss statt *Preuße*,
hirt statt *Hirte*,
soss statt *Soße*,
huif statt *Hilfe* (aus *hilf*, → Vokalisierung siehe S. 23),
wīsn statt *Wiese*.

Zu weiteren, weniger auffälligen Abweichungen im Vokalismus ziehe man die Fachliteratur zurate (WEINHOLD; V. MOSER I,1; PAUL/WIEHL/GROSSE).

1.2. *Bäda, Gribbi* und *Breiss*: Konsonanten
Bei den Konsonanten sind die Unterschiede zum Hochdeutschen weit weniger offensichtlich. Vor allem fällt neben der fast gemeinhochdeutschen Aussprache des **s** vor p, t, k als **sch** (**schtoa** statt *stein*) die flächendeckende Umsetzung der sogenannten Binnendeutschen Konsonantenschwächung ins Auge, das heißt die Erweichung

(Lenisierung) von **p, t** und **k** zu **b, d** und **g**, die schon im 16. Jahrhundert dem bayerischen Geschichtsschreiber Aventinus am Beispiel von **b** und **p** aufgefallen ist („wird eins für das ander genommen").

Es entspricht also im Wortanlaut:
Peter dem bair. **Bäda**,
Preuße dem bair. **breiss**,
tun dem bair. **doa**,
Kram dem bair. **gram**,
Krüppel dem bair. **gribbi** (zur Bedeutung siehe S. 73 f.),

im Wortinlaut:
Vater dem bair. **Fōda**,
wetter dem bair. **Wēda**,
S*uppe* der bair. **Subbn**,
Krüppel dem bair. **gribbi**.

Übung 4
Übertragen Sie folgende Wörter in korrektes Hochdeutsch:

bädasui ....

blätzl ....

boid ....

buidl ....

drugga (Verbum) ....

drugga (Adjektiv) ....

foitn ....

glump ....

Gnedl ....

heit ....

oid ....

suiwababbial ....

vui ....

wuid ....

zāch ....

Lösungen für die Aufgaben 1–4
1: lied – leid – soiz – hoitn – schtoa – eam – ös – woid – guat – oa ōa / zwoa ōa.
2: Sau: diphthongiert aus mhd. ū – schweinern: diphthongiert aus mhd. ī – schwoaf: diphthongiert aus mhd. ei.
3: Huawa hoas i. (Hueber heiße ich.) – Auf der Oim da gibts koa Sünd.
4: Petersilie – Plätzchen – Brühe – Bild(chen) – drücken – trocken – Falte(n) –   Gelumpe – Knödel – heute – alt – Silberpapier(chen) – viel – wild – zäh.

2. Die Flexion

2.1. *Am vadda sei huat:* **Substantive**

Bei der Formenbildung der Substantive fällt vor allem auf, dass bei den Feminina der schwachen Deklination die im Plural obligatorische Endung -en (*die Frau – die Frauen*) vielfach auch in den Singular eindringt. So heißt es zum Beispiel statt hochdt. *die Wiese* bair. **d'wīsn**, statt *die Suppe* bair. **d'subbn**.

Die einzelnen Fälle (Kasus) sind weitgehend zugunsten der Form des Nominativs vereinheitlicht. Dies entspricht einer Tendenz, die auch im Hochdeutschen zu beobachten ist (deshalb der Schlachtruf „Rettet dem Dativ!"). Im Bairischen wird aber auch der im Hochdeutschen noch relativ feste Genitiv (*des Hauses, des Buches, des Vogels*) vermieden. Dafür werden Dativ-Umschreibungen verwendet:

am (= dem) **vadda sei huat** statt *Vaters Hut*,
am (= dem) **Xari sei geign** statt *Xavers Geige*,
am (= dem) **Irgei** (Georg) **seina** (zu ergänzen: **sei landler**) statt *Georgs Ländler*,
auch weiblich: **am Suiverl īra**.

2.2 *I sogat* und *I hob denkt*: **Verben**

Das Bairische kennt im Prinzip nur zwei Zeitstufen, Gegenwart und Vergangenheit: **i sog** und **i hob gsogt**. Die im Hochdeutschen wohl unter dem Einfluss der lateinischen Grammatik aufgekommenen und zumeist auch nur schriftlich verwendeten Tempora Präteritum (*ich sagte*), Plusquamperfekt (*ich hatte gesagt*) und Futur (*ich werde sagen*) spielen keine Rolle. Das Präteritum ist gänzlich ungebräuchlich, Plusquamperfekt und Futur können gelegentlich umschrieben werden: **i hob gsogt g'habt**, **i werd sogn**.

Beim Perfekt werden stets die Formen mit Umlaut verwendet: **i hob denkt**, nicht *ich habe gedacht*. Die starken Verben machen den im Hochdeutschen häufigen Übergang in die schwache Tempusbildung zumeist nicht mit: Es heißt **gestriffen**, nicht *gestreift*, **gschnīm**, nicht *geschneit*, **derwuschn**, nicht *erwischt*.

Intrikat ist die Kennzeichnung des Konjunktivs, der überdies nur als Irrealis (Konjunktiv II) auftritt. Er wird mithilfe eines Suffixes **-at** gebildet, das vielleicht an die Endung **-t** der schwachen Verben angelehnt ist: **sogat** ‚sagte, würde sagen' zu **sogn** ‚sagen', **schreibat** ‚würde schreiben' zu **schreibn** ‚schreiben', **schneiwat** ‚würde schneien' zu **schneibn** ‚schneien', **gangat** ‚würde gehen' zu **genga** ‚gehen', auch **wārat** (neben **wār**) ‚wäre'.

Beispielhaft zeigt sich das komplizierte Zusammenspiel von Konjunktiv und Personalendungen an dem berüchtigten Mustersatz *Wenn i an Schmai het, schnupfat in* (‚Wenn ich einen Schnupftabak hätte, würde ich ihn schnupfen'):
Wenn i an schmai het, schnupfat in.
Wennst an schmai hetst, schnupfatst n.
Wenn er (sie) an schmai het, schnupfat an.
Wenn ma an schmai hetn, schnupfatn man.
Wennst ann schmai hetst, schnupfatst n.
Wenns an schmai hetn, schnupfatns n.

3. Das unentbehrliche Kleinzeug

3.1 Zahlwörter

Auffallend sind vor allem volle Formen der Kardinalzahlen jenseits der flektierten Zahlwörter *eins*, *zwei*, *drei*, als müsste ein apokopiertes **-e** wieder eingesetzt werden, also zum Beispiel **viere, fimfe, zwanzge, fimfavierzge, dreiasibzge**.

3.2 Pronomina

Für sich stehen die Veränderungen bei der 1. Person des Personalpronomens: *ich* wird zu **i** und *wir* wird zu **mia** (**i bin i und mia san mia**).

Diese Floskel ist allerdings weit weniger aussagekräftig für Bayern, als es nach dem breitbeinigen Auftreten einiger besonders großsprecherischer (manchmal auch aus Franken hinzuerworbener) Exemplare aus Politik und Sport den Anschein haben mag. Sprachlich schlägt sich das eher zurückhaltende Wesen des Altbayern vielmehr in der Vermeidung volltönender Pronomina nieder. Er bevorzugt also zum Beispiel das beiläufige **des wissma schō** statt des auftrumpfenden **mia wissn des schō**.

Die 3. Person des Personalpronomens (Singular Dativ: *ihm*, Akkusativ: *ihn*; Plural Dativ: *ihnen*, Akkusativ: *ihnen*) unterliegt einer irregulären Diphthongierung: Singular **eam**, Plural **eana** (zugleich die Höflichkeitsform in der Anrede: **i kenn Eana scho** ‚ich kenne Sie schon').

Eine Besonderheit, die im Rahmen der germanischen Sprachen sonst nur aus dem Gotischen bezeugt ist, stellt

der im Bairischen noch erhaltene Dual dar (Nominativ: **ös**, Dativ/Akkusativ: **enk**). Er wird allerdings nicht mehr in seiner ursprünglichen Funktion zur Bezeichnung einer Zweiergruppe verwendet, sondern dient als Höflichkeitsform in der Anrede, sowohl für eine wie für mehrere Personen:
Habts ös mein Buam gsegn? (‚Haben Sie meinen Buben gesehen?')
Konn i enk helfa? (‚Kann ich Ihnen helfen?')

3.3 Präpositionen

Im Bairischen werden die Präpositionen häufig von gleichbedeutenden Adverbien (hier **nauf**, **aufi**, **obi**, **naus**) unterstützt, die dem Substantiv zumeist nachgestellt werden:
i gē aufn berg,
i gē aufn berg nauf (= hinauf),
i gē aufn berg aufi (auch: **aufa**),

i gē vom berg obi (= herunter),

i gē ausm haus,
i gē ausm haus naus (= hinaus).

Diese Adverbien sollten nicht mit den Präpositionen verwechselt werden. Sie können diese nicht ersetzen, nur ergänzen, im Ausnahmefall auch als vorausgestellte Verstärkung. Man kann also sagen:
i gē naus ausm haus oder **i gē aufi aufn berg**,
aber nicht:
* **i gē nausm haus** oder ***i gē aufi n berg**.

Aus diesem Grund ist die vor allem bei norddeutschen „Lernern" beliebte Floskel **aufi gēts** nur dann grammatisch zulässig, wenn als Ergänzung **aufn berg** oder **aufs doch** oder Ähnliches mitgedacht ist, und nicht etwa als Ermunterung zu irgendwelchen Unternehmungen.

4. *derblecken, nackat* und *wettermassi*: Wortbildung

Bei den Verben fällt besonders die Vorsilbe **der-** (mundartlich **da-**) ins Auge. Sie entspricht zumeist dem hochdt. *er-*:
bair. **dawischn** statt hochdt. *erwischen*,
bair. **dabarma** statt hochdt. *erbarmen*,
bair. **dakenna** statt hochdt. *erkennen*.

Ohne hochdeutsches Äquivalent ist das überregional bekannt gewordene **dablecka** ‚verspotten' (*Politiker derblecken* beim traditionellen Starkbieranstich).

Eher vereinzelt wird die Vorsilbe *er-* auch durch **ver-** (mundartlich **va-**) ersetzt, zum Beispiel in **vazäln** ‚erzählen'.

Adjektive werden häufig durch das Suffix **-at (-ad)** gebildet, das das hochdt. *-ig* ersetzen kann (**fleckad** statt *fleckig*, **nackad** statt *nackig*), aber auch selbstständig produktiv wird: Ohne hochdeutsches Pendant sind zum Beispiel **deppad** oder **gscheckad** (vgl. aber *gescheckt* und *scheckig*).

Ungemein produktiv ist bei den Adjektiven gerade in neuerer Zeit das aus dem hochdt. *-mäßig* (vgl. *verhältnismäßig*) übernommene Suffix **-massi**, das nahezu unbeschränkt zur Bildung von Adjektiven aus Substantiven verwendet werden kann: **wettermassi, geldmassi, fleischmassi, gartenmassi, wassermassi**.

Bei Substantiven wird gelegentlich das Suffix -*nis* durch eine Art von Substantivierung des Adjektivs ersetzt: *finster* wird zu **d'Finstern** ‚die Finsternis' (möglicherweise liegt hier auch nur eine – untypische – Kürzung des Suffixes vor).

5. *der wo* und *koa problem net:* Syntax

Die syntaktischen Strukturen des Bairischen weichen vor allem durch zwei Erscheinungen vom Hochdeutschen ab, durch die Verwendung der doppelten Verneinung und die Einleitung von Relativsätzen.

Die doppelte Verneinung, die noch im Mittelhochdeutschen völlig geläufig war, ist im Neuhochdeutschen im Zuge der Überformung der Syntax durch logische Kategorien als „ungrammatisch" zurückgedrängt worden. Im Bairischen ist sie weiterhin völlig geläufig, aber wie im Mittelhochdeutschen fakultativ wählbar: Sätze können jederzeit auch mit einfacher Verneinung gebildet werden:
des is gor koa Problem (net),
des ham ma no nie (net) anders gmacht.

Relativsätze werden nicht wie im Hochdeutschen durch die einfachen Pronomina *der, die, das* eingeleitet, sondern durch eine Art verstärkte Konjunktion: **der wo, die wo, des wo** oder **der wos, die wos, des wos**. Dass diese Verstärkung als notwendig empfunden wurde, liegt offensichtlich an der mehrfachen Funktion (und der damit eingeschränkten Eindeutigkeit) der ja auch als Artikel verwendeten Pronomina *der, die, das*. Das Hochdeutsche reagiert darauf durch die „Umdefinition" des Fragepronomens *welche, welcher, welches*, das Bairische durch die Ergänzung durch **wo** oder **wos**:
Des is der berg, auf den wo i am liabsten steig.
Des is net des buoch, des wo i kaft hob.
Des is des madl, des wo i am liabsten sich.

Es mag an der – ja auch von Fremden empfundenen – Schwerfälligkeit dieser Konstruktion liegen, dass sich eine gewisse Erleichterung mehr und mehr durchsetzt: der Verzicht auf das Pronomen und die Übertragung der Satzverbindung (Konjunktion) alleine auf das ehemalige Fragepronomen, das dann auch nicht mehr flektiert zu werden braucht. Es wird zur unveränderlichen Konjunktion:

Des is der berg, wo i am liabsten naufsteig.
Des is net des buoch, wo i kaft hob.
Des is des madl, wo i am liabsten sich.

Daneben hat das Bairische einen eigenen Typ von Ergänzungssätzen geschaffen, Gerundiumsätze (Gerund: substantivierter Infinitiv), die durch die Substantivierung des Verbs die hochdeutschen Infinitivsätze ablösen:

es is schē, draussn zum sei statt *es ist schön, draußen zu sein*,
des is net einfach zum macha statt *das ist nicht einfach zu machen*,
mia wissen des zum schätzn statt *wir wissen das zu schätzen*.

Neuerdings breitet sich auch die Umschreibung einfacher Verben mit **tun** aus:
Weil ich immer schimpfen tu.

Eine sprachsystematisch sehr auffällige und schwer zu erklärende Erscheinung ist die fast obligatorisch gewordene Möglichkeit, Personalendungen (insbesondere die der 2. Person Singular), die im Hochdeutschen und auch

sonst den Verben vorbehalten sind, an die satzeinleitenden Konjunktionen (z. B. *ob, obwohl, weil, wenn,* auch **bol** ‚sobald' siehe Kapitel V, S. 55 f.) anzufügen:
I mog di, obwoist a Depp bist (GREWENDORF, Titel).

Günther Grewendorf (GREWENDORF, 63–81) erörtert im Sprachvergleich (Italienisch, Französisch, Westflämisch) verschiedene Möglichkeiten der Erklärung und kommt zu dem Ergebnis, „dass das Bairische tiefer liegende, abstrakte grammatische Eigenschaften aufweist, die sich im Standarddeutschen nicht zeigen" (ebd., S. 81; Weiteres zu den syntaktischen Besonderheiten des Bairischen ebenfalls bei GREWENDORF).

IV. Hinweise zur Gesprächsführung

Idealtypisch wird im Bairischen Kommunikation als Gespräch unter Bekannten und grundsätzlich Verständigten, also unter Bekannten und miteinander Vertrauten, verstanden, wohl in Anlehnung an die Kommunikation im Dorf. Man kennt sich, duzt sich deshalb auch. Die ältere Generation benutzt gelegentlich auch noch die aus dem germanischen Dual (siehe Kapitel III, S. 33) hervorgegangene respektvolle Anrede **ös** oder **enk**. Fremde sind im Prinzip nicht vorgesehen und werden eher mit einem brummigen **mhm** beschieden. Von Integrationsversuchen, etwa mit einem schneidigen *Tach*, ist abzuraten; sie bewirken eher sofortige Ausgrenzung.

Die Gesprächseröffnung ist nicht übertrieben differenziert ausgestaltet, man kennt sich ja. Es genügt in der Regel ein einfaches **Grias di** (oder **Grias enk**). Trifft man jemandem beim Essen oder um die Essenszeit an, ziemt sich ein knappes **Mahlzeit**. Akzeptiert wird auch ein beiläufig gesprochenes **Servus**, dem seine Herkunft aus dem unterwürfigen lat. ‚Knecht, Diener' nicht mehr anhaftet. Der höfische Aspekt (‚ergebener Diener') ist nicht mehr präsent, das gehobene Prestige der lateinischen Sprache wird zu der Beliebtheit dieses Grußes aber beigetragen haben.
Bittet man jemanden, sich der geselligen Runde anzuschließen, so genügt dazu ein herzhaftes **Hau di zuawi**, etwa zu übersetzen mit ‚Knall dich her'.

Im Laufe des Gesprächs wird oft **da ander** (wörtl. ‚der andere') verwendet, um sich auf einen Dritten zu beziehen, den man nicht nennen kann oder (oft als Zeichen der Missachtung) nicht nennen will.

Zur Verständnissicherung werden häufig floskelhafte Nachfragen in die Rede eingestreut, zum Beispiel:
Vastēst? ‚verstehst Du?' (kann auch mehrfach, in unregelmäßigen Abständen wiederholt werden),
Host mi? wörtl. ‚Hast Du mich (verstanden)?', dem Sinne nach ‚Kannst Du mir folgen?'.
Woast scho! ‚Du weißt schon!'.

Bei Nachfragen meide man das stigmatisierende hochdt. *Wie bitte?* Als zugehörig weist man sich durch ein knappes **Wos host gsogt?** Oder besser noch durch das etwas barsche **Wos?** Fast schon rüpelhaft nimmt sich hingegen das traditionelle **Ha?** aus.

Zustimmung zur Position des Partners (oder der Partnerin) kann man ausdrücken durch die Ausdrücke **basst scho** (‚passt schon', oft verschmolzen zu einem kaum noch durchschaubaren **basscho**) oder **haut scho** ‚(das) haut schon hin', etwas emphatischer mit einem bewundernden **sauber**.
    Der Charly, Held der „Münchner Geschichten" Helmut Dietls, begnügt sich in der Regel mit einem weitgehend sinnentleerten **logisch**.

Besondere Anerkennung für den Gesprächspartner (oder die Gesprächspartnerin) kleide man in den Ausruf **Du bist ja a vareckta Hund** (generisches Maskulinum!), beim Bezug auf Dritte **So a vareckta Hund**.

Das Erstaunen oder auch das Entsetzen über besonders sensationelle Mitteilungen der Gesprächspartner kann durch Überraschungsrufe ausgedrückt werden; beliebt sind etwa **Sauber!** als Interjektion zum Ausdruck bewundernden Staunens (siehe oben) im Sinne von ‚Donnerwetter! Schau einer an!'. Ähnlich auch **Do legst di nida** ‚Da legst du dich doch glatt auf den Boden', dem Sinne nach vergleichbar dem hochdt. ‚Das haut dich um' oder auch ‚Da bist du platt'. Für solche Situationen eignen sich auch das abwehrende **Lass mi aus** im Sinne von ‚Das gibt's doch nicht', ‚Lasse mich doch damit in Ruhe!', wörtl. ‚Lasse mich aus (deinen Fängen!)', und das in seiner Entstehung nicht recht durchschaubare **Mach mais** (wörtl. ‚Mache Mäuse!', gemeint ‚Das kann doch nicht wahr sein'), das vielleicht aus einem ähnlichen Bildzusammenhang wie das hochdt. ‚Das ist ja zum Mäusemelken' entstanden ist (siehe aber Kapitel V, S. 90). Anders als ihre Bestandteile vermuten lassen, drückt auch die Wendung **Mi leckst am oasch** keine Missbilligung aus, sondern blanke Überraschung.

Eine schlechte Prognose für die Zukunft verbindet sich mit dem Überraschungsruf **Guat Nacht, schēne Bairin** (wörtl. ‚Gute Nacht, schöne Bäuerin!', sinngemäß ‚So kann das doch nicht weitergehen!').

Soll das Entsetzen besonders betont werden, empfiehlt sich neben dem einfachen **Wos stē i aus!** (‚Was stehe ich aus!') auch das verstärkte **Des hoit ja koa Sau net aus** (‚Das hält ja kein Schwein aus'). In solchen Situationen wird auch oft geistlicher Beistand erbeten. Das liegt dem verballhornten Schreckensruf **Jessas**, auch **Jessas na**, abgekürzt aus *Jesus, Maria und Josef*, zugrunde; ursprünglich als Anrufung der heiligen Familie ein Hilfe- und Segensruf, heute hauptsächlich zur Kennzeichnung einer meist unliebsamen Überraschung eingesetzt, so wie das hochdt. *um Himmels/um Gottes willen*, daraus auch **(um) gods (himmis) wuin**.

Der Zusatz **dass's der Sau graust** (generisches Femininum!) bezeichnet die besondere Schwere der Abweichung von den gesellschaftlichen Standards, insbesondere bei Zuständen und Ereignissen, seltener bei Personen. Ist hingegen die Wahrheit oder das zustimmungsfähige Niveau nur knapp verfehlt worden, lässt sich das in die Worte kleiden, es sei **um's oaschlecka** daneben gegangen.

Unverständnis für die Äußerung des Gegenübers hingegen lässt sich mit einem empörten **Gē weida!** (‚Geh weiter!', ‚Geh weg!' im Sinne von ‚Laß mich in Ruhe!') ausdrücken. Auch ein abweisendes **Pfeifadeckl** (eigentlich der Pfeifendeckel, hier wohl als Platzhalter für etwas besonders Minderwertiges, vergleichbar dem hochdt. *so ein Unsinn!*) steht dafür zur Verfügung.

Einen besonders beharrlichen Gesprächspartner kann man als **lästigs Wimmerl** ‚aufdringlicher Pickel' abqualifizieren, bei Verdacht auf geistige Insuffizienz sogar als **spinnata Uhu** (auf Damen leider nicht anwendbar, als Äquivalent wohl: **spinnate Gredl**). Bei besonderer Empörung kann man möglicherweise nicht umhin unter ausdrücklichem Verstoß gegen die guten Sitten in der Rückfrage Zuflucht zu suchen: **Hams dir vielleicht ins Hirn nei gschissn?**

Als Vorhersage für das Scheitern einer im Gespräch angekündigten Handlung eignet sich vorzüglich **Dann host an Drēg im Schachterl** (‚Dann bleibt Dir nur der Dreck im Schächtelchen').

Zur psychischen Bewältigung gescheiterter Kommunikation empfiehlt sich der Entsetzensruf meiner Oma (häufig beim Umgang mit ihrer umfangreichen Enkelschar) **Des is ja grod wia wenn i an oasch hintre greif**. Bezeichnet allgemein und ganz ohne ordinäre Konnotation die Vergeblichkeit oder Aussichtslosigkeit einer Handlung, vergleichbar dem hochdt. *Das ist ja wie wenn ich an die Wand hin rede.*

Einwände kann man mit dem Hinweis abtun, man sei hinterher immer klüger als vor der Aussage. Das lässt sich mit der Wendung **schmeck's Kropfata** ausdrücken, ‚schmecke es, Du mit Deinem Kropf!', die davon ausgeht, dass der Kropf das Schmecken verhindert.

Zur Abwehr von Zurechtweisungen eignet sich die selbsterklärende Tautologie **Ma sogt ja nix, ma redt ja bloß**. Distanz zu dem ganzen Gerede kann man auch mit einem gelangweilten **oder so** signalisieren. Schicksalsergebene Gleichgültigkeit drückt man am besten mit einem fatalistischen **ja mei** (verkürzt aus *ja mein Gott!*), das am ehesten einem hochdt. *Was soll's* entspricht.

Das Gespräch endet mit einem Handschlag oder einem Schlag auf die Schulter. Verbale Unterstützung braucht es dafür kaum. Es genügt ein herzliches **Pfüatdi** (verballhornt aus *Behüte Dich*, zu ergänzen: *Gott!*), gelegentlich auch noch in der Vollform **Pfüatdigod**. Jederzeit möglich ist auch, wie bei der Begrüßung, das kumpelhafte **Servus**. Das unterwürfig klingende **Habedere** ‚(Ich) habe die Ehre' zeichnet sich gegen den Anschein nicht durch exquisite Höflichkeit aus, sondern ist eher ein stolzes Bekenntnis zur Tradition.

In besonders schwierigen Fällen kann ein Gespräch auch mit dem Ausdruck besonderer Missachtung des Partners beendet werden: **Schleich di!** (zu dem hochdt. *(sich) wegschleichen*) mit der derben Konnotation ‚Hau ab!'.

Warnung an unsere zugereisten Freunde

Nachdrücklich zu warnen ist vor der Verwendung folgender Vokabeln:

Weißwürstl: Die Verkleinerungsform *Würstl* verfehlt das haptische und geschmackliche Erlebnis, das sich beim Hineinbeißen in eine pralle, saftige **Weißwurscht** einstellt zur Gänze. Auch andere bairische **Würscht**, etwa die **Rengschburger** oder die **Wollwurscht** leben von dem Genuss der Fülle. Die kleinen *Würstchen* aus Franken, etwa die *Nürnberger Rostbratwürstchen*, die man eigentlich im Dutzend verspeisen muss, um ein „Wurschtgefühl" zu verspüren, sind dagegen eine Beleidigung für den bairischen Wurstliebhaber. Er reagiert deshalb besonders allergisch auf die *Weißwürstl*, erst recht, wenn sie möglicherweise auch noch in der Dose oder im Glas erworben sind. Wer sich in „Kernbayern" Sympathien erwerben oder erhalten will, meide deshalb das *Weißwürstl* weiträumig.

Brezl steht für das mickrige Salzgebäck, das in den 1960er Jahren in bürgerlichen Kreisen zu Fernsehabenden gereicht wurde und das bayerische Lebensgefühl mindestens in dem Maße verfehlt wie eine deftige **Brezn** (möglichst noch **Butterbrezn** – man versuche mal Butter auf eine *Brezl* zu schmieren) oder ein feingliedriges Bierglas im Vergleich zum Maßkrug oder auch die zaundürre Twiggy im Vergleich zu einem knackigen bayerischen **Madl** (wie zum Beispiel **meim Suiverl**).

Maß, das: Seit dem völkerumspannenden Erfolg des Oktoberfestes (angeblich das „größte Volksfest der Welt") weiß man überall, dass der Bayer sein Bier aus großen Krügen trinkt, die „das Maß" ausmachen. Der Bayer hat sich allerdings sein Maß längst präzise definiert: Sein Maß umfasst genau einen Liter und damit da in der Wirtschaft (und im Bierzelt) keine Zweifel aufkommen, markiert er das auch sprachlich: Sein „Maß" ist **die Mass** (weiblichen Geschlechts und mit kurzem a) und wehe dem Schankkellner, der sich um den vollen Liter herumdrücken will.

Aufi gēts: **Aufi** ist Adverb, nicht Präposition (siehe Kapitel III, S. 33), deshalb muss es zur Vermeidung von Missverständnissen gegebenenfalls auch mit einer Präposition kombiniert werden. **Gemma aufi aufn Berg** heißt also ‚Gehen wir auf den Berg hinauf', **aufi** entspricht ‚hinauf'.

Aufi gēts hieße also ‚hinauf geht's', und es muss mit einer Ortsangabe ergänzt werden, wohin es denn hinauf gehen soll (auf den Herzogstand? auf die Alm? aufs Dach?). Das weiß der ortsfremde Sprecher aber in der Regel gar nicht, weil er etwas ganz anderes ausdrücken will, nämlich eine generelle Ermunterung, mit irgendeiner Aktion loszulegen. Das aber heißt im Bairischen (mit der zum trennbaren Präfix mutierten Präposition) **aufgēts**. Die Sache ist also durchaus vertrackt und wer sich dem nicht stellt und sich die bairische Grammatik zu schlicht vorstellt, verliert schnell das Gesicht (zur Weiterbildung eignen sich die Erörterungen bei GREWENDORF).

Bāzi: In Nord- wie auch in West- und Ostdeutschland) hat sich die Vorstellung verbreitet, Bayern freuten sich, wenn sie in ihrer Gesamtheit als **Bāzi** bezeichnet werden. Das ist ein peinliches Missverständnis; als Selbstbenennung kommt dieses Wort so gut wie gar nicht vor. **Du bist doch a Bāzi** mag einem Bayern schmeicheln, aber nicht weil er sich damit als Angehöriger seines Stammes identifiziert sieht, sondern weil ihm wegen seiner Verschmitztheit oder Schläue Lob gezollt wird. Nicht jeder wird das freilich schätzen, denn das Wort tendiert durchaus auch in Richtung ‚Durchtriebenheit'.

V. Grundwortschatz: eine Auswahl für die gepflegte Kommunikation

Die folgenden Vorschläge beruhen ganz und gar auf den persönlichen Erfahrungen und Vorlieben des Verfassers. Ihnen liegen keine Forschungen in entlegenen Alpentälern zugrunde und es soll auch nicht „gefährdetes" Wortgut „gerettet" werden (deshalb fehlt z. B. der **wīsbām** genauso wie etwa das **britschhaferl**). Vielmehr wird hier ein Vorrat gängiger bairischer Vokabeln für die alltägliche Kommunikation aufbereitet, für die „Zweitsprachler" ebenso wie für die – stets nötige – Vergewisserung bei den bairischen Muttersprachlern.

Nicht aufgenommen sind in der Regel Wörter, die nur lautlich von gängigen hochdeutschen Entsprechungen (maßgeblich: Duden. Deutsches Universalwörterbuch, 4. Auflage, Mannheim u.a. 2001) abweichen. Sie können durch die in Kapitel III erläuterten Regeln leicht zurückübersetzt werden, in schwierigen Einzelfällen wird dorthin verwiesen.

Die Erläuterungen richten sich nach dem Grad der Erklärungsbedürftigkeit.

a siehe auch **o**

ab- siehe **ōb-**

ā (Adv.): ‚auch, ebenfalls, tatsächlich'; lautgerechte Entsprechung zu hochdt. *auch* (*ā* für *au* wie in *Bām* statt

Baum; zum Abfall von *ch* in einsilbigen Wörtern siehe WEINHOLD, §188)

akrat (Verstärkungspartikel): Verschleifung aus dem hochdt. *akkurat* (aus lat. *accuratus*) ‚sorgfältig, genau' (KLUGE/SEEBOLD, 22); im Bairischen aber häufig eingeschränkt auf die Hervorhebung bestimmter Personen oder Fakten, meist im Sinne von ‚ausgerechnet' (*akrat der Toni, akrat heid, akrat auf da Autobān*, BWB I, 246 f.)

allawei (Adv.): ‚immer'; wie hochdt. *alldieweil*, zusammengesetzt aus *alle (die) Weile* ‚die ganze Zeit' (SCHMELLER I, 57)

anbandeln siehe **ōbandeln**

anhabig siehe **ōhabig**

anlegen siehe **ōlegn**

ant (Adj.): ‚weh, schmerzlich, sehnsüchtig' (BWB I, 222–224 unter *ahnd*); im Mittelhochdeutschen und auch im 19. Jahrhundert (SCHMELLER I, 97 f.) noch als Substantiv gebräuchlich (*der* oder *diu ande* ‚Schmerz', auch ‚Sehnsucht', vgl. MWB I, 208 f.), heute nur noch selten als Prädikatsnomen verwendet (*jemandem wird etwas ant tun* ‚es wird ihn schmerzen, er wird es bereuen'); dazu auch die Ableitung *antig* ‚traurig, wehmütig, übel gelaunt' (SCHMID, 133)

Arsch siehe **Oarsch**

aufbrezln (Verb): ‚(übermäßig) herausputzen', für die Selbststilisierung besonders eitler und gefallsüchtiger Frauen und (seltener) Männer (BWB III, 338); zu **Brezn**, dem etwas maniriert geformten Teiggebäck der Bayern

aufmandeln, sich (refl. Verb): ‚sich aufspielen, in die Brust werfen', wohl zu verstehen als ‚sich ‚männlich' gebärden'; vgl. *sich aufmännln* ‚sich gegen jemanden erheben' (SCHMELLER I, 1601)

ausgschämt (Adj.): ‚unverfroren, unverschämt'; vom Verbum *sich schämen*, wie hochdt. *unverschämt* (*a ausgschamte Person*, zum Verbum *sich ausschamen* ‚aufhören sich zu schämen', SCHMELLER II, 417)

auskemma (Verb): entspricht hochdt. a*uskommen*; zusätzlich zu den im Hochdeutschen üblichen Verwendungsweisen auch unpersönlich: *es kommt jemandem etwas aus* ‚jemand übersieht etwas'; speziell *jemandem kommt einer aus* ‚jemand lässt einen fahren' (anzuschließen an die Bedeutung ‚nach draußen entlassen', GRIMM I, 895, Nr. 3)

auspflatschelt (Adj.): ‚aus der Form geraten, zerlaufen'; wohl anzuschließen an *pflätschicht/bletschicht* ‚breit, flach, unförmig' (BWB II, 1280)

Auszogne, die (Subst., meist im Plural): in eine runde Form gezogenes (ausgezogenes) Schmalzgebäck, besonders zur Kirchweih im Schwange (Kirchweihnudeln); erotische Assoziationen sind fernzuhalten

backa, etwas (Verb): neben den hochdt. für *packen* üblichen Bedeutungen ‚ergreifen, bewältigen, einpacken' bair. auch ‚(etwas) ertragen, aushalten' (*des back i net*), ‚(etwas) im Griff haben, bewältigen' (*der Sepp backt des scho*), ‚(etwas) in Angriff nehmen' (*back ma's*) (BWB I, 850–852)

bärig (Adj.): ‚großartig, bestens'; wie das eher selten gebrauchte hochdt. Pendant abgeleitet von *Bär*, was für Stärke steht (BWB I, 1163)

Băgăsch, die (Subst.): ‚Gesindel, üble Gesellschaft, Pack'; aus franz. *bagage* ‚Gepäck'; zuerst für die das Gepäck begleitende Mannschaft in der Bedeutung ‚Tross', seit dem 18. Jahrhundert zunehmend abwertend für ‚Gesindel, Pack' (BWB I, 893 f.)

bal siehe **bol**

Băbberl, das (Subst.): aufgeklebter Zettel; abgeleitet von → **Bapp**

Băbbn, die (Subst.): abwertender Ausdruck für den Mund (*Jetzt hoitst aber dei Babbn*); abgeleitet von → **Bapp**

Bāmhackl, der (Subst.): Schrunden, Risse in der verhärteten Haut, besonders an den Füßen; der Zusammenhang mit *Baumhackl*, dem Dialektwort für den *Specht* ist unklar

Bămperl, der oder **das** (Subst.): steht für etwas Kleines: ‚kleines Ding, kleines Tier, kleiner (häufig auch dicker)

Mensch'; „wohl zu ital. *bambola* ‚Puppe'" (ZEHETNER, Bair. Deutsch, 254); oft abwertend in Zusammensetzungen: *Bamperlgschäft, Bamperllodn, Bamperlstod, Bamperlverein* etc. (BWB I, 995 f.)

Băntscha, der (Subst., meist im Plural): ‚(gestrickte?) Hausschuhe, Hüttenschuhe'; mit vielen lokalen Varianten zum Beispiel *Botschn* (Beuerberg); vielleicht anzuknüpfen an *Pantoffel*, *Botschuh/botschuoch/boʒschuoch* ‚grober Schuh' (MWB I, 950 f., 960), *Papotschn* (SCHMELLER I, 399)

Bapp, der (Subst.): „Naturausdruck der Kinder für die Bewegung der Lippen und des Mundes, folglich für das Essen, für die Speise und für den Mund" (SCHMELLER I, 398); → **Băbbn**; im Bairischen eingeschränkt auf alles Breiige, Klebrige, meist abwertend (*Des Gmias is a rechter Babb*), mit Betonung des Klebrigen dann ‚Kleister, Klebstoff' (BWB I, 1088 f.)

Baraber, der (Subst.): wohl Verballhornung von *Barbar* ‚unkultivierter, grober Mensch, meist männlichen Geschlechts' (BWB I, 1129)

bariern (Verb) ‚gehorchen'; Lehnwort zum lat. *parere* ‚gehorchen' (BWB I, 1161 f.)

basst scho (Gesprächsfloskel): ‚schon gut', wörtl. ‚(das) passt schon'; Zustimmung signalisierend (s. Kapitel IV)

batzn, jemandem eine (Verb): ‚jemanden ohrfeigen'; vom eher ungebräuchlichen *Batzen* ‚Schlag' (BWB I, 1325 f.)

V. GRUNDWORTSCHATZ

bätzln (Verb): ‚sich in Kleinkram verlieren, verzetteln' (BWB I, 1311); in unklarem Zusammenhang zu → **Bāz**

Bāz, der (Subst.): ‚Dreck, Matsch', bei Speisen selten auch für ‚Brei'; Herkunft unklar, erwogen wird Rückbildung aus *Batzen* ‚Klumpen' (BWB I, 1309 f.)

Bāzi, der (Subst.): vielleicht Kurzform zu *Lumpazi* (BWB I, 1536 f.; weitere spekulative Anbindungen bei KRATZER, 120 f.); ‚Schlingel, Schlawiner'; auch anerkennend verwendet für Menschen mit einer gewissen Schläue und Lebenskunst, keinesfalls aber eine allgemein akzeptierte Selbstbenennung aller Bayern, wie manch ein → **Breiss** anzunehmen scheint: *Wo kommst Du her? Du bist doch bestimmt ein Bāzi.*

bāzig (Adj.): ‚klebrig, schleimig'; abgeleitet von → **Bāz**

belzn, sich (refl. Verb): ‚sich (vor der Arbeit) drücken, sich verdrücken, faulenzen' (BWB II, 231 f.)

benzn (Verb): ‚quengeln, ungeduldig drängen'; wird vor allem für ungeduldig nörgelnde Kinder verwendet; vielleicht von *be-engetzen* ‚in die Enge treiben' (BWB II, 260 f.)

Biachl, das (Subst.): entspricht hochdt. *Büchlein*

Biberl, das (Subst.): ‚Küken'; wohl lautmalerische Spontanbildung (BWB II, 732)

Biggslmadam, die (Subst.): bessergestellte, knausrige Dame, die vor allem an Marktständen auftritt und dort, ihre Sparbüchse (*bichsl*, aus *Büchserl*) schonend, um Pfennige feilscht

Bierdimpfl, der (Subst.): gewohnheitsmäßiger, der Abhängigkeit naher Biertrinker, vor allem in geselliger Runde auftretend

biesln (Verb): ‚Wasser lassen, urinieren'; wohl aus dem Romanischen: ital. *pisciare,* franz. *pisser* (SCHMELLER I, 409; BWB II, 923)

bitzeln (Verb): ‚kribbeln, jucken', auch ‚schnippeln, schnitzen, stümpern, reizen' (BWB II, 961–963)

bläd (Adj.): ‚blöd', aber sehr viel weiter im Anwendungsbereich als im Hochdeutschen; kann Personen mit unangenehmem Verhalten unterschiedlichster Art bezeichnen (*a bläder Hund*), steht aber auch zur Kennzeichnung unangenehmer oder peinlicher Geschehnisse (*a bläde Gschicht,* auch: *a bläder boi* ‚ein langweiliger (Faschings-) Ball') (BWB II, 1339 f.)

blärrn (Verb): entspricht hochdt. p*lärren* ‚laut schreien, brüllen', bair. aber vor allem eingeengt auf das Weinen von Kindern (BWB II, 1030 f.)

Blatschari, das (Subst.): ‚formloser, breiter, flacher Gegenstand'; zum Beispiel Schild, Plakette, Schmuck, Kuhfladen; abwertende Weiterbildung zu *Platsch* ‚unförmiger, plumper Gegenstand' (BWB II, 1070)

blitzn, jemanden (Verb): neben den auch hochdt. geläufigen Bedeutungen ‚wetterleuchten, glänzen' im Bairischen auch ‚(jemanden) austricksen, übers Ohr hauen' (BWB II, 1327 f., Nr. 3g)

Blunsn, die (Subst.): unförmige, dicke Person, vor allem auf Frauen angewendet; abgeleitet von der Form der Schweinsblase, in die Wurst gefüllt wird (Blutwurst, Leberwurst, Pressack) (BWB II, 1437–1439, siehe unter *Blunze*)

Boanagschtell, das (Subst.): despektierliche Bezeichnung für eine gertenschlanke Frau, die in der abschätzigen Vorstellung des bairischen Mannes nur aus Knochen (*Boana*) besteht

Boarischer, der (Subst.): Musikstück und Tanz im Zweiertakt, einer der häufigsten Formtypen der alpenländischen Volksmusik; das einzige Wort, in dem das fürs Bairische typische oa aus ai (s. Kapitel III, S. 22) lexikalisiert ist: die hochdt. Entsprechung „Bairischer" existiert mit dieser Bedeutung nicht

bol, auch **bal** (Konjunktion): verkürzte Form des hochdt. *sobald* ‚dann wenn, wenn, sobald' (SCHMELLER I, 233 f.); kann, wie andere Konjunktionen auch (*wenst, wiest, obst* etc.), insbesondere in der 2. Person Singular Personalendungen an sich ziehen: *bolst* ‚sobald du' (SCHMID, 202 f.; GREWENDORF, 63–81; s. auch Kapitel III, S. 38 f.)

Bolln, der (Subst.): neben der auch hochdt. üblichen Bedeutung ‚Knolle, Klumpen' im Bairischen (dann nur im Plural) auch in der Bedeutung ‚Angst, Schiss' verbreitet, vor allem in der Wendung *Bolln haben* ‚Angst vor etwas haben, Scheu davor haben etwas anzugehen'; vielleicht Zusammenhang zu *pollern* ‚beunruhigen' (SCHMELLER I, 389)

Botscherl, das (Subst.): wohl zu hochdt. *(Toll-)patsch* ‚naiver, unbedarfter Mensch'; meist auf Mädchen und junge Frauen bezogen; möglicherweise auch Zusammenhang zu *Bott* ‚Thier von in seiner Art kleiner, unvollkommener Gestalt' (SCHMELLER I, 310)

botschert (Adj.): ‚naiv, unbedarft, ungeschickt'; → **Botscherl**

Bräckl, der (Subst.): ‚großer, kräftiger Kerl'; wohl von *Bräckel* für große, ‚unförmige Exemplare jeder Art', hauptsächlich in der Verbindung *a brackl mansbuid* ‚ein mächtiger, riesenhafter Kerl' (BWB III, 23 f.)

brätzeln, jemanden (Verb): ‚(jemanden) austricksen, übers Ohr hauen' (immer auf Personen bezogen); wohl von → **Bratzn** ‚Hand' abgeleitet im Sinne von ‚strafend auf die Hand schlagen' (BWB III, 113 f.)

Bratzn, die (Subst.): ‚grobe, kräftige (Männer-)Hand', *der hot vielleicht Bratzn;* verwandt mit ital. *Braccio* ‚Arm' (BWB III, 110–113)

Breiss, der (Subst.): ‚Preusse'; wird für alle Menschen nicht bairischer oder schwäbisch-alemannischer Abkunft und Sprache verwendet, als Grenze gilt bei toleranter Auslegung die Mainlinie (BWB III, 330; s. auch Kapitel II)

brenna, sich (refl. Verb): entspricht hochdt. *sich brennen*, bedeutet mundartl. in dieser Wendung allerdings ‚sich, mit schädlichen Folgen, verrechnen, sich die Finger verbrennen'

bresthaft (Adj.): ‚gebrechlich, verkrüppelt', schon mhd. ‚mit einem gesundheitlichen Schaden behaftet' (MWB I, 997 f.); von *brest/breste* ‚Mangel, Schaden' (MWB I, 994; BWB III, 288)

brettlbroad (Adj./ Adv.): ‚selbstbewußt, anmaßend', als Adverb: ‚tatsächlich, ohne jeden Zweifel', wörtl. ‚breit wie ein Brett'; in der Bedeutung ähnlich dem hochdt. *breitbeinig* (BWB III, 218), in adverbieller Verwendung ähnlich zu → **pfeigrod**

Britsch, der (Subst.): ‚Schlag', zu *britschen* ‚schlagen'; zumeist in der Verbindung *Popobritsch* ‚Schläge auf den Hintern', vgl. *Arschbridsch* (BWB III, 405), einst verbreitetes Bestrafungsritual bei Kindern

britschln (Verb): ‚plätschern, plantschen, auch regnen'; verwandt mit → **Britsch** ‚Schlag' und *britschen* ‚breit und mit einem klatschenden Laute auffallen' (SCHMELLER I, 375; s. auch BWB III, 411 f.)

Brōz, der (Subst.): ‚Kröte'; vielleicht von *sich brotzen* ‚sich aufblähen' (GRIMM II. 407: „weil sie sich aufbläht?"); wichtig für das verfemte, deswegen aber umso interessantere Bubenvergnügen des *Brōzenprellns*, bei dem eine Kröte mit einem Schleuderbrett in die Luft geschleudert wird und dann am Boden zerschellt

brunzn (Verb): ‚pinkeln, bieseln', von *Brunnen* in der Bedeutung ‚Urin'; gebildet mit der im Bairischen geläufigen Ableitungssilbe -*etzen*: *brunetzen* ‚einen ‚Brunnen' machen' (SCHMID, 184f.); weil Adelung dieses Wort übergangen habe, da es „schon lange dem niedrigsten pöbel preisgegeben", setzt Jacob Grimm aus diesem Anlass zu einem leidenschaftlichen Plädoyer für die Sprachforschung an, deren Pflicht es sei, „solchen wörtern, die herabgekommen sind, nicht weil sie das volk in ihrer natürlichen geltung festhielt, sondern weil die vornehme welt sie durch fremde, nichts sagende verdrängte und zuletzt vergaß, gleichsam die ehre zu retten" (GRIMM II, 442); vgl. auch → **soacha**

Bummerl, das (Subst.): eigentlich der junge Stier, auf Menschen übertragen ein kräftiger, schwerfälliger Mensch (BWB III 724), öfter noch ein ungeschicktes, tollpatschiges, dickes Kind

bumpfad (Adj.): auf Menschen bezogen ‚gedrungen, schwerfällig'; vgl. *pumpet* ‚untersetzt' (SCHMELLER I, 392) und *Pumpf* ‚grobschlächtiger, untersetzter Kerl' (BWB III, 743f.)

bussln (Verb): ‚küssen'; wohl indoeurop. Erbwort, vgl. ital. *basiare*, franz. *baiser*, Verwandte im Englischen und Schwedischen (SCHMELLER I, 295), auch niederdt., (kölnisch) verbreitet (*bützen*); substantiviert *das Bussl*, zärtliche Verkleinerungsform *Busserl* ‚Küsschen' (BWB III, 842 f.)

Butter, der (Subst.): im Bairischen ohne ersichtlichen Grund Maskulinum (Erklärungsversuch bei SCHMID, 211)

Butzl, der (Subst.): ‚kleines Tier, kleines Ding, kleiner Mensch' (BWB III, 881 f.); in Höfen auch als Kosename für größere Exemplare bewährt

Butzlkuo, die (Subst., Plural: **Butzlküe**): ‚Tannen- oder Kiefernzapfen', von Johann Andreas Schmeller mit *Puselke*, *Puselklee* ‚Samengehäuse des Nadelholzes' in Verbindung gebracht (SCHMELLER I, 411)

Butzn, der (Subst.): Kerngehäuse, Überrest des gegessenen Apfels, der weggeworfen wird (SCHMELLER I, 317 f.); auch in erweiterter Formz *Apfelbutzn, Birnbutzn, Augenbutzn* etc. (BWB III, 884 f.)

da- siehe **der-**

Dachtl, die (Subst.): ‚Ohrfeige, Schlag an den Kopf', vielleicht (SCHMELLER, I, 486) zu mhd. *dach* (aus *decken*) ‚das Bedeckende, das Schützende, auch das Höchste, das Haupt' (MWB I, 1173 ff., bes. 1176)

dalkert (Adj.): ‚unbeholfen, tölpelhaft' (BWB III, 1121 f.); zum kaum noch gebräuchlichen Substantiv *(der) Dalk* ‚ungeschickter, unbeholfener Mensch' (BWB III, 1116 f.)

daloawed (Adj.): ‚erschöpft'; zum Substantiv *Loawe* ‚Leib', meist für den (kleinen) Brotlaib oder eine größere Semmel; „daloawed ist man dann, wenn man durch Anstrengung, böse Überraschung und dergleichen so seiner Energie beraubt wird, dass man sich fühlt [...] wie ein Stück gekneteter, im Ofen gebackener Teig" (Ludwig Merkle bei KRATZER, 15)

dāmisch (Adj.): ‚tölpelhaft, dumm, unbeholfen'; als eher liebevolle Beschimpfung in der festen Verbindung *dāmischer Uhu* beliebt; die Ableitung von *Dame* verdankt sich (wie auch beim hochdt. *dämlich*) antifeministischem Wunschdenken, richtig ist der Zusammenhang zu mhd. *toum* ‚Nebel, Dunst, Rauch': „Die ursprüngliche Bedeutung von *damisch* ist demnach ‚benebelt'." (SCHMID, 129)

dănt (Adv.): ‚mit Leichtigkeit, locker, frontal'; ursprünglich wohl mit dem ladinischen *dănt* ‚vorne, vor' verwandt (BWB III, 1186 f.), im Bairischen vielleicht übernommen aus dem Kartenspiel „Wattn", dort ein Stich ohne Einsatz einer der festen Trumpfkarten; auch im Fußballsport verwendet: *einen Ball dant nehmen* heißt, ihn direkt aus der Luft weiterleiten, ihn volley nehmen, davon auch das Verb *danteln*, ‚den Ball über längere Zeit in der Luft halten'

Däntler, der (Subst.): ‚Trödler, fahrender Händler'; wohl zu *Tand* ‚wertloses Zeug'; „vielleicht über die roman. Kaufmannssprache aus dem lat. *tantum* ‚so viel' übernommen" (DUDEN, Universalwörterbuch, 1560)

däntschig (Adj.): ‚niedlich, graziös, keck, aufgeweckt'; zumeist auf Mädchen und junge Frauen bezogen (BWB III, 1189 f.)

däppig (Adj.): Nebenform zu → **deppert**; „als dappig gilt ein Mensch, der etwas verrückt oder nicht ganz zurechnungsfähig ist" (KRATZER, 15); besonders beliebt in der Doppelformel *dumm und däppig* in adverbieller Verwendung, zum Beispiel *sich dumm und dappig arwatn* etwa ‚bis zur Erschöpfung arbeiten'

dāsig (Adj.): ‚still, verschüchtert, kleinlaut'; wohl aus dem Indogermanischen ererbt, auch mhd. bezeugt: *dæsic* ‚still, in sich gekehrt' (LEXER I, 412), verwandt mit norddt. *dösen* und *dösig* (BWB III, 1270 f.)

Dātschi, der (Subst.): ‚flacher, mit Obst belegter Kuchen'; abgeleitet vom Verb *tatschen* ‚zusammendrücken, plattdrücken', wie *Tatsch* ‚flacher Kuchen, Fladen' (BWB III, 1286 f.); verbreitet hauptsächlich als *Zwetschgendatschi*, → **Reiberdatschi**; der Anteil Augsburgs („Datschiburg") an der Erfindung dieses Kuchens ist Legende

Daxn, die (Subst., meist im Plural): ‚Fichtenzweige', allgemeiner: ‚Zweige von Nadelbäumen' (SCHMELLER I, 482: „besonders von Fichten und Tannen, auch wol von

Föhren, Lerchen, Eiben [taxus] und Wacholdersträuchern"); von lat. *taxus ‚pinus abies'*

dennerscht (Adv.): ‚doch, wenigstens'; abgeleitet vom hochdt. *dennoch* (so schon GRIMM II, 954: *dennost);* in der Bedeutung schwer zu erfassen, am ehesten „als Betonung der Gesamtaussage" eines Satzes (SCHMID, 125)

Depp, der (Subst.): wie hochdt. *Depp* ‚Dummkopf, Tölpel', wohl abgeleitet von *tappen/dabbn* ‚unbeholfen gehen' (BWB III, 1217 f., 1566 f.); mit der Möglichkeit zu liebevoller Verwendung, so etwa wenn in der Kultserie „Monaco Franze" der Polizeibeamte Manni Kopfeck die stets etwas naiven Aktionen seines Freundes mit einem nachsichtigen *Depp!* kommentiert; beliebt auch *oida Depp!*, besonders bei erotischen Ambitionen älterer Herren

deppert (Adj.): zu → **Depp** ‚Dummkopf', aber mit weiterem Bedeutungsspektrum: ‚dumm, unvorsichtig, unbedacht, unklug'

derblecka (Verb): vom Verb *blecken* ‚entblößen', speziell ‚die Zunge entblößen, die Zunge herausstrecken' *(*vgl. *Blecker* ‚Zunge', SCHMELLER I, 323), in der Bedeutung ‚verspotten'; die Vorsilbe *der-* übernimmt hier die Aufgabe der Verbbildung ohne weitere semantische Veränderung (SCHMID, 181 f.); überregional bekannt vom *Politiker derblecken* beim Starkbieranstich auf dem Münchner Nockherberg

derbröseln (Verb): ‚jemanden/etwas zu Bröseln zerreiben', auch: einen Gegner ‚niedermachen'; Vorsilbe *der-* hier funktionsgleich mit *zer-*; vgl. → **derwuzeln** (SCHMID, 181 f.)

derhaut (Adj.): ‚heruntergekommen, verkommen'; vom Verb *derhauen* ‚zerhauen, zusammenschlagen', auf Personen und Sachen anwendbar

derkemma (refl. Verb): ‚sich erschrecken', bair. Vorsilbe *der-* statt hochdt. *er-* (SCHMID, 181 f.), s. Kapitel III, S. 35

derkenna (Verb): gleichbedeutend mit hochdt. *erkennen*; bair. Vorsilbe *der-* statt hochdt. *er-* (→ **derkemma**)

derleschtert (Adj.): ‚heruntergekommen, vergammelt'; vielleicht zu *erleschen* in der bair. Version *derleschen* ‚aufhören zu brennen' oder auch zu *opfluschen* ‚aufhören zu flackern': „s'Faia [der Lust] is åpfluscht" (SCHMELLER I, 1521); Vorsilbe *der-* in der verbreiteten Funktion für ‚etwas zu Ende bringen' (SCHMID, 182)

derwischn (Verb, Partizip Perfekt stark: **dawuschn**): gleichbedeutend mit hochdt. *erwischen*, bair. Vorsilbe *der-* statt hochdt. *er-* (→ **derkemma**)

derwuzeln (Verb): etwas durch Reiben in kleinste Teile auflösen, ‚zerreiben'; Vorsilbe *der-* hier funktionsgleich mit *zer-*; vgl. → **derbröseln** (SCHMID, 181 f.)

dick eingehen, jemandem (Verb): in unpersönlicher Verwendung *jemandem geht es dick ein* ‚jemand hat Probleme, jemand steht unter Druck' (*dick* betont hier wohl das Gewicht der Belastung) (vgl. BWB III, 1658 f.)

dick haben, etwas (Verb): idiomatische Wendung, ‚etwas nicht leiden können'; der Zusammenhang zu dem Adjektiv *dick* ist nicht durchsichtig

diem (Adv.): ‚bisweilen, manchmal'; in lautlich schwierigem Zusammenhang zu mhd. *etewenne* ‚zuweilen, mitunter' (über *er-ie-mal* SCHMELLER I, 173, so auch ZEHETNER, Bair. Deutsch, 98 f.)

Diezl, der (Subst.): ‚Schnuller'; wohl abgeleitet von *dütteln* ‚an der Brust saugen' (zu *tüttel* ‚Brustwarze') (SCHMELLER I, 554)

Diridari, der (Subst., meist ohne Artikel verwendet): ‚Geld, Bargeld, Münzen'; Herkunft unklar, spekulativ ist die Herleitung von ital. *dare denari* ‚Geld geben' (BWB III, 1753)

Doagaff, der (Subst.): ‚Depp, eingebildeter Affe'; Verstärkung der Beschimpfung *Affe* mithilfe des lautlich korrekt ins Bairische umgesetzten Substantivs *Doag* ‚Teig'; die Beleidigung liegt wohl darin, dass sich mit Teig das Gefühl besonderer Schlaffheit verbindet (SCHMELLER I, 595; BWB II, 191)

dorat (Adj.): ‚taub, gehörlos, dumm'; zu hochdt. *töricht*, abgeleitet vom Substantiv *Tor* (BWB III, 1880)

Dotschn, der (Subst.): eigentlich *die Dotschn* ‚Kohlrübe', ein wenig geschätztes Futtergemüse, in der Übertragung auf Menschen eine ungepflegte, unansehnliche, übergewichtige, auch dumme Person; wird vor allem auf Frauen angewendet, ähnlich → **Blunsn**; zu *tatschen* ‚schwerfällig, unbeholfen gehen' (BWB III, 1288)

Drāgl, das (Subst.): ‚Getränkekiste'; insbesondere in der Wendung üblich *a Dragl Bier;* wohl neuere an das Aufkommen des Flaschenbiers gebundene Ableitung von *Trage/Träger* (BWB IV, 76 u. 80 f.)

drāmhappat (Adj.): ‚schlaftrunken'; wörtl. etwa ‚im Traum befangen', dann im weiteren Sinne von ‚verträumt, unaufmerksam' (BWB IV, 147 rekonstruiert *tramhäupticht*)

drătzn (Verb): ‚necken, frotzeln'; „wohl eine Abwandlung zu reizen und triezen" (KLUGE-SEEBOLD, 833; anders SCHMELLER I, 682: zu *trutz*)

drent (Lokaladv.): ‚drüben, jenseits'; auch heute noch gelegentlich Kultur- und Mentalitätsgrenzen bezeichnend (in der Beuerberger Gegend sieht man es zum Beispiel immer noch nicht gerne, wenn die Tochter sich einem Manne von *drent der Isar* zuwendet); meist korrespondierend mit → **herent** ‚herüben, diesseits': *herent und drent* ‚hüben und drüben'; zum Zusammenhang mit *ener* ‚jener' und *enhalb* ‚jenseits' siehe SCHMELLER I, 92

drentsn (Verb): ‚kleckern, tröpfeln', auch: ‚weinen' (SCHMELLER I, 671: „tropfenweise fallen oder fallen lassen"), mit dem bair. Verbalsuffix *-etzen* von *Träne* abgeleitet (SCHMID, 184 f.), → **brunzn**

drītschln (Verb): ‚trödeln'; eigentlich Intensivbildung zu *treten* ‚mit kleinen Schritten gehen, auf der Stelle treten', also ‚nicht von der Stelle kommen'; dazu das Substantiv *Drītschler* für jemanden, dem nichts von der Hand geht, besonders beliebt im liebevoll tadelnden *oida drītschler*

Drumm, das (Subst.): entspricht hochdt. *Trumm* ‚unhandliches, ungefüges Stück'; häufig in der Verbindung *fauls Drumm* ‚fauler träger Mensch', leider oft auf Frauen bezogen

Drutschn, die (Subst.): ‚plumpe, unansehnliche Frau von beschränkter Intelligenz, Trampel'; in unklarem Zusammenhang mit *Trottel* (SCHMELLER I, 681) oder auch aus Bedeutungsverschlechterung von dem bei Joahnn Andreas Schmeller (ebd.) noch positiven Kosewort *trutschel* ‚Süße, Kleines', heute etwa *kloans drutscherl*

Dulln, die (Subst.): ‚Beule, Delle' (SCHMELLER I, 501: „Vertiefung in einem Körper, besonders eine durch Beschädigung entstandene"); verwandt mit niederdt. *Dēle* und auch hochdt. *Tal*

durchlassn, jemanden (Verb): ‚jemandem Prügel versetzen', meist als Denkzettel, Bestrafung (vgl. *Prügelstrafe*); vielleicht eine Radikalisierung der älteren Bedeutung ‚durch die Hechel ziehen, bekritteln' (SCHMELLER I, 536)

duschn, jemandem eine (Verb): ‚jemandem eine → **Watschn** geben, jemanden ohrfeigen'; zu *tuschen* ‚erschallen' (vgl. mhd. *duz* ‚Klang, Geräusch', MWB I, 1462) oder zu sehr selten belegtem *dusel* ‚Ohrfeige' (vgl. SCHMELLER I, 549, 628 f.)

eisogn (Verb): entspricht lautlich dem hochdt. *einsagen*, im Bairischen speziell das Weitersagen von Gelegenheiten zum gemeinsamen Musizieren (→ **Hoagart**)

enk (Personalpronomen, 2. Person Plural, Akkusativ und Dativ): ‚Euch' in respektvoller Anrede, ehemaliger Dual (s. Kapitel III, S. 32 f.)

Erdepfl, der (Subst., meist im Plural): ‚Kartoffel', Lehnübersetzung (*Erdapfel*) aus dem franz. *pommes de terre*; die geläufigste bair. Bezeichnung für die seinerzeit neuartige Frucht (Weiteres bei SCHMID, 116 f.)

extrig (Adj.): meist in prädikativer Bedeutung (*jemand ist extrig*) ‚besonders, speziell, wählerisch, schwierig'; zu lat. *extra* ‚außerhalb'

fegn (Verb): neben den hochdt. verbreiteten Verwendungsweisen ‚kehren, säubern' im Bairischen vor allem in der Wendung *Mogst fegn?* geläufig; besonders geeignet zur Einleitung einer Rauferei oder auch einer verbalen Auseinandersetzung: *Möchtest Du streiten? Möchtest Du raufen?*; möglicherweise angelehnt an mhd. *vehen* ‚hassen, feindlich behandeln' zu *vehe* ‚Feindschaft, Fehde' (LEXER III, 42)

fei (Verstärkungspartikel): gelegentlich im Hochdeutschen als *fein* nachgeahmt (und auch daraus entstanden, SCHMID 123 f.); steht im Bairischen vor allem zur Beteuerung des Wahrheitsgehalts von Aussagen: *des is fei guat, des is fei schē, des duat fei wē*

fieseln (Verb): → **obfieseln**

flacka (Verb): ‚liegen, faul herumliegen'; meist verächtlich gebraucht; wohl zum schon mhd. bezeugten Adjektiv *flac* ‚faul, träge' (LEXER III, 383)

Fleiß, der (Subst.): insgesamt verwendet wie im Hochdeutschen, bair. aber auch in der Wendung *mit Fleiß* ‚mit Absicht'

Flitscherl, das (Subst.): ‚liederliches Frauenzimmer, Flittchen', bei Johann Andreas Schmeller noch positiv: „Im wohlwollenden Scherz: junges Mädchen" (SCHMELLER I, 799); Zusammenhang mit *flittern* ‚kichern' (KLUGE/ SEEBOLD, 274)?; vielleicht auch nachträglich in Zusammenhang gebracht mit *Flitter* ‚eitler Tand'

Fotzn, die (Subst.): im engeren Sinne „das Maul von Thieren und (immer verächtlich) von Menschen" (GRIMM I, 782), so etwa in *Hoit dei Fotzn!* ‚halte deinen Mund!'; dann auch für einen (strafenden) Schlag auf den Mund, für eine ‚Ohrfeige' *Mogst a Fotzn?* ‚Willst du eine Ohrfeige?', davon auch der Übergang zum Verb *jemanden fotzen* ‚jemanden ohrfeigen'; im obszönen Sinne wird das Substantiv, vielleicht in Parallele zu *Fud*, auf die *Vulva* übertragen, so schon im 15. Jahrhundert (LEXER III, 486)

Fuas, der (Subst., Plural **Fiaß**): hochdt. *Fuß;* bezeichnet im Unterschied zum Hochdeutschen das ganze Bein, vom Oberschenkel bis zum kleinen Zeh

gāch (Adj.): entspricht lautlich hochdt. *jäh,* jedoch sehr viel breiter anwendbar (SCHMELLER I, 887 f.); kann auf Personen bezogen werden ‚temperamentvoll, aufbrausend' (*a gācher Bursch*), aber auch auf Geländeformationen ‚steil, hochaufragend' (*a gācher Hang, a gācher Berg*), in Verbindung mit *Steig* zum gebräuchlichen Straßennamen geworden: *Gasteig* ‚gacher Steig'; auch als Adverb ‚heftig, steil' (*do gēts gāch obi*)

Gatzl, das (Subst.): ‚Schöpfkelle, Suppenkelle'; von ital. *cazza* ‚(hölzerner) Löffel' (SCHMELLER I, 967); daraus die abfällige Bezeichnung → **Katzlmacher** für Italiener, ausgehend von den Holzschnitzern aus dem Grödner Tal, die handgeschnitzte Haushaltswaren feilboten (KRATZER, 101–103)

Gaudi, die (Subst.): ‚Belustigung, Vergnügen, volkstümliche Festveranstaltung'; eines der über die Schülersprache aus dem Lateinischen (*gaudium* ‚Freude') übernommenen Lehnwörter (SCHMID, 154)

gāwisch (Adj.): ‚verwirrt, benommen, töricht'; in dieser Bedeutung wohl erst neuerdings in Gebrauch, bei Johann Andreas Schmeller noch ‚verkehrt, falsch' (SCHMELLER I, 863), Schmeller erwägt aber auch die Lesart *gäuwisch* ‚bäurisch, ungeschickt' (von *gau* ‚Bauerngegend'), das der heutigen Bedeutung näher steht

Gfrett, das (Subst.): ‚Mühsal, Qual, Ärger'; Substantivierung zum kaum noch gebräuchlichen Verb *fretten* ‚sich plagen, sich mühen' (mhd. *vreten* ‚sich entzünden, wund reiben' und *vreterîe* ‚Quälerei, Schererei', LEXER III, 502 f.); gebräuchlich noch in der Verbindung *sich dahin fretten* ‚mühsam über die Runden kommen'

Gfries, das (Subst.): ‚Gesicht', zumeist negativ: das verzerrte Gesicht, ‚Fratze, Fresse'; abgeleitet von *fressen* (SCHMELLER I, 828)

Gilet, das (Subst.): aus franz. *gilet* ‚Weste' mit gleicher Bedeutung übernommen, allerdings eingeschränkt auf die meist sehr farbenfrohe (grüne, rote, gelbe, blaue) Trachtenweste

Gischpl, der (Subst.): flatterhafter, loser Kerl (SCHMELLER I, 952), als (liebevoll gemeintes) Schimpfwort ‚Hanswurst, Hampelmann'

Gläche, der (Subst.): ‚Lümmel, Rüpel, ungehobelter Kerl'; am ehesten in Verbindung zu bringen mit dem in *gelachsen* ‚bequem' (SCHMELLER I, 1427) vorliegenden Stamm, der hauptsächlich in negativem Zusammenhang belegt ist: *ungelachsen* ‚ungeschlacht, ungefüg' (ebd.); die Übernahme der negativen Bedeutung auch ohne die Negationsvorsilbe *un-* wäre nicht ungewöhnlich

glängig (Adj.): ‚begehrlich, sehnsüchtig'; vom Verb *gelangen* (MWB II, 313) ‚nach etwas verlangen, etwas begehren' (SCHMELLER I, 1490)

Glätzn, der/die (Subst.): die gedörrte Birne; wohl zu *kleuzen* ‚spalten' („da die Birnen [...] zum Dörren gewöhnlich gespalten werden", SCHMELLER I, 1342); daraus das in der Vorweihnachtszeit beliebte *Kletzenbrot*; das Substantiv dient auch als versöhnliches Schimpfwort: *du damischer Glätzn* (‚Esel')

Gloiffe, der (Subst.): ‚ungehobelter, rüpelhafter Kerl'; wohl kaum abgeleitet von dem alten Herzogsgeschlecht der Agilolfinger (7. Jahrhundert), wie gelegentlich erwogen wird, am ehesten geht es auf das althochdt. Verb *klioban,* mhd. *klieben* ‚(Holz) spalten' zurück; es könnte dann einen unbearbeiteten Holzklotz meinen, aber auch das ist nicht rundum befriedigend, „Resümee: Der *Gloiffe* ist uns nach wie vor ein Rätsel" (GREWENDORF, 34)

Glubberl, das (Subst., meist im Plural): ‚Wäscheklammer'; vielleicht zu *klanken/klenken* ‚schlingen, auch befestigen' (SCHMELLER I, 1335)

Glump, das (Subst.): ‚unwertes Zeug'; entspricht dem hochdt. selten gewordenen *Gelumpe,* das ursprünglich Sammelbegriff für einen Haufen Lumpen war

Gluscht, der (Subst.): entspricht lautlich dem hochdt. *Gelüst,* ist aber präziser in der Bedeutung: „ein unstillbares Verlangen, dessen Befriedigung keinen Aufschub duldet" (Tiger Willi)

gmōch (Adj./Adv.): ‚ruhig, gelassen, angenehm' (SCHMELLER I, 1559); noch erhalten im hochdt. *gemächlich*

Gnăck, das (Subst.): ‚Genick, Nacken'; Kollektivbildung zu *Nacken* (im Erhalt des Vokals a ist die Verwandtschaft noch erkennbar) in seiner ursprünglichen Bedeutung ‚Knochen', gewissermaßen die Gesamtheit der Knochen, dann eingeschränkt auf die Halswirbel (SCHMELLER I, 1720 f.)

(der)gneissn (Verb): ‚wittern, merken, wahrnehmen'; zum Wortstamm *Nase* (SCHMELLER I, 1759: etwas in die Nase bekommen); zur Vorsilbe *der-* → **derblecka**

gräblig (Adj.): ‚verschimmelt'; von mhd. *grā/graw* ‚grau' (MWB II, 885f.); vgl. *grauweln* ‚grau werden, schimmeln' (SCHMELLER I, 982)

Graffl, das (Subst.): unbrauchbares Zeug, ‚Gerümpel'; zu *raffen*, bair. *raffeln* ‚hastig zusammenholen' (SCHMELLER II, 64)

Gränt, der (Subst.): ‚Unmut, Verdruss, schlechte Laune' (SCHMELLER I, 1003); Rückbildung aus → **gräntig**

gräntig (Adj.): ‚mürrisch, schlecht gelaunt, maulig'; vielleicht zu *greinen* ‚weinen, jammern' (zu den Problemen SCHMID, 132 f.)

Gräntler, der (Subst.): ‚Griesgram'; abgeleitet aus → **Grant**

Gräntlhauer, der (Subst.): Kompositum zu → **Grant**, *-hauer* ist zum inhaltslosen Ableitungssuffix entleert

Grättler, der (Subst.): ‚verwahrloster, schäbiger Kerl, (asozialer) Herumtreiber'; von mhd. *gratten* oder *kratten* ‚Karren' (verwandt mit *kratte* ‚Korb, Kiepe'), dem Gefährt, mit dem die fliegenden Händler umherzogen

greislig (Adj.): ‚hässlich, eklig'; von mhd. *grūsen, griusen* ‚Grauen empfinden' (MWB II, 992 f.); Adjektiv *griuselich* mit Entrundung aus *greuslich*

griabig (Adj.): ‚behaglich, gemütlich, fröhlich'; auf Situationen wie auf Menschen zu beziehen; zu hochdt. *ruhen*, mhd. *ruowen*, später auch in der Form *ruehiglich* belegt (SCHMELLER II, 3); mit dem jederzeit frei verfügbaren *ge*-Präfix wird daraus *gerüewig/gerueblich* (SCHMELLER II, 3) ‚ruhig, behaglich'

Gribbi, der (Subst.): entspricht lautlich dem hochdt. *Krüppel* ‚Versehrter, Behinderter', hat jedoch eine völlig andere Bedeutung; im Bairischen meint es mit durchaus zwiespältigen Konnotationen einen schwer zu bändigenden Lausbuben, der zu allerlei, auch boshaften Streichen, aufgelegt ist; im Erwachsenenalter fehlen die positiven Elemente, das Wort meint dann nur noch den ‚Übeltäter' oder ‚Bösewicht' → **Hundsgrippi**

Grischperl, das (Subst.): ‚schmächtiger, kraftloser Mensch', meist auf Männer bezogen; „die Herkunft des Wortes ist unklar" (KRATZER, 182; SCHMELLER I, 1383 erwägt Ableitung von *krispelen* ‚kräuseln')

Gríss, das (Subst.): von ‚sich um jemanden reißen, hinter jemandem her sein', meist auf Frauen bezogen, die Männer in großer Zahl anziehen: *sie haben das Gríss*

Gröstl, der (Subst.): gebildet mit der für Sammelbegriffe jeder Art (z. B. Gebirge) verwendeten Vorsilbe *ge-*, hier für ein Allerlei aus klein geschnittenen Kartoffeln, herausgebacken (‚geröstet', vgl. *Rösti*) in der Pfanne mit Speck, Zwiebeln, Ei etc., ‚Bauernschmaus, Bratkartoffeln'

gruschtln (Verb): ‚(ziellos) herumsuchen, kramen'; wohl zu *kruschen* ‚kramen'; daraus zurückgebildet *Gruscht* ‚wertloses Zeug'

Gschäftlhuaba, der (Subst.): umtriebiger, aber wenig zielgerichteter Typ, ‚Wichtigtuer'; zusammengesetzt aus *Geschäft* im Sinne von ‚Tätigkeit, geschäftliche Angelegenheit' und dem Familiennamen *Huber*, der zum unspezifischen Substantiv für ‚handelnde Person, Typ' entleert ist

gschäftln (Verb): ‚umtriebig, rührig, aber wenig zielgerichtet tätig sein'; abgeleitet aus *Geschäft* → **Gschäftlhuaba**

gschämig (Adj.): ‚schamhaft, scheu'; zu hochdt. *Scham*

gscheid (Adj.): entspricht lautlich hochdt. *gescheit*, in der Bedeutung jedoch häufig verblasst zu einer Verstärkungspartikel für Adjektive jeder Art; man oder etwas kann *gscheid groß* sein oder *gscheid gloa*, *gscheid siaß* oder *gscheid sauer*, *gscheid grea* oder *gscheid gscheckat (bunt)*, *gscheid dick* oder *gscheid dürr*, gerne auch *gscheid bläd*

Gscheidhāferl, das (Subst.): ‚Besserwisser, Besserwisserin'; aus → **gscheid** und → **Hāferl** ‚Töpfchen'

gschert (Adj.): ‚ungehobelt, bäurisch, gemein'; „Das Wort *gschert* hat seinen Ursprung vermutlich bei den leibeigenen Bauern, welche das Haar im Gegensatz zu ihren Herren kurz geschoren trugen" (KRATZER, 128); als Adjektiv verbindet sich *gschert* (im Wortinlaut *gscherd-*) mit zahlreichen Substantiven zu gehaltvollen Beleidigungen: *gscherde Ruam* (‚Rübe'), *gscherde Nuss, gscherde Sau, gscherder Rammel*

Gschīss, das (Subst.): ‚Getue, Ärger, Mühe', Abstraktum zu → **scheissn**, hier im Sinne von ‚sich um etwas kümmern, sich scheren um etwas', vgl. in der Fernsehserie „Monaco Franze" „Immer des Gschīss mit da Elli"

gschlampert (Adj.): ‚unordentlich, ungepflegt'; Pendant zum hochdt. *schlampig*, nach bairischem Wortbildungsmuster mit *ge-*Präfix (wie in *gschamig, gschpinnat, gwampert* etc.); in der Bedeutung erweitert auf die gesamte Lebensführung (ein *gschlamperts Verhältnis* ist eine nicht rechtlich abgesegnete Beziehung), aber auch das Essverhalten kann zum Beispiel gemeint sein, vgl. den Spruch *Gschlampert macht wampert*

Gschlämps, das (Subst.): unordentliches Zeug jeder Art, auch auf Personen zu beziehen: ‚Gesindel'; zu → **gschlampert**

gschleckert (Adj.): ‚anspruchsvoll, heikel, geziert'; von *schlecken* ‚lecken, naschen' (SCHMELLER II, 505); also für jemanden, der nur das Süße, Angenehme goutiert

gschmach (Adj.): ‚schmackhaft, angenehm, erfreulich'; zu *Geschmack* (SCHMELLER II, 541)

gschmăcki (Adj.): ‚schmackhaft, würzig'; Ableitung von *Geschmack* → **gschmach**

Gschmoas, das (Subst.): ‚Gesindel, Pack'; lautgerechte Umsetzung des hochdt. *Geschmeiß*, „verächtlich von unnützen oder schädlichen personen, noch verächtlicher als gesindel" (GRIMM V, 3943); im ursprünglichen Sinne ‚Unrat, Schmutz, Kot' jeder Art

gschnäppig (Adj.): ‚vorlaut, schnippisch'; zu hochdt. *schnappen* „eine kurze, meist auch klappende Bewegung machen – mit dem Schnabel, Mund" (SCHMELLER II, 576), dann auch ‚kurz abgebrochen reden' (ebd.)

gschpinnăt siehe **spinnăt**

Gschpusi, das (Subst.): der oder die Geliebte, meist auf Frauen bezogen; von ital. s*posa* ‚Ehefrau' (KRATZER, 100)

gschroamaulad (Adj.): Kompositum aus hochdt. *Geschrei* und *Maul*; auf Personen zu beziehen: ‚laut, auftrumpfend, prahlerisch'

Gschtanzl, das (Subst.): auf eine einfache Melodie gesungener, meist vierzeiliger Spottvers, in den 1950er Jahren vom Roider Jackl zur politischen Kommentarform erhoben; von *Stanz* ‚Aufwartung am Hof, Ständchen', dazu *gestänzig* ‚manierlich, zierlich' (SCHMELLER II, 772)

gschtreckterlängs (Adv.): ‚der Länge nach hingestreckt'; wird vor allem im Zusammenhang mit Stürzen verwendet: *Do hot's mi gschtreckterlängs highaut'*

gschtumpfert (Adj.): zu *stumpf* ‚abgeflacht, flach'; auf Menschen bezogen: ‚untersetzt, klein und kräftig'

gschupft (Adj.): eigentlich Partizip zum ungebräuchlichen Verb *schupfen,* üblich vor allem in der Verbindung *a gschupfte henna* ‚ein gerupftes Huhn' für eine überambitionierte, aber an ihren Ansprüchen scheiternde Dame

Gschwerl, das (Subst.): ‚Gesindel, unfeines Volk'; Verkleinerungsform zum nicht mehr gebräuchlichen *Geschwer* ‚die angeheiratete Verwandtschaft' (aus *Schweher* ‚Schwiegervater')

Gschwoischädl, der (Subst.): entspricht hochdt. *geschwollener Schädel;* der Wortbildung nach ähnlich dem hochdt. *Großkopferten,* im Bairischen tritt aber noch die Bedeutungskomponente ‚anmaßendes, arrogantes Auftreten' hinzu

gselcht (Adj.): Partizip zum Verb *selchen* ‚trocknen, dörren', später auch ‚räuchern'; wird hauptsächlich substantiviert verwendet: das *Gselchte* ‚geräuchertes Fleisch, Geräuchertes', Bestandteil einer ordentlichen Brotzeit; das Adjektiv kann auch für Beschimpfungen verwendet werden: *gselchter Aff*

Guadl, das (Subst.): ‚Bonbon', Süßigkeit; von hochdt. *Gutsel*

gwampert (Adj.): ‚wohlbeleibt, dick, adipös'; zu hochdt. *Wampe*; „Der Mallersdorfer Zollinspektor Franz Höferer wurde von den Nazis schikaniert, weil er den Reichsmarschall Göring ‚a gwamperte Sau' genannt hatte." (KRATZER in der Süddeutschen Zeitung vom 24./25. April 2021)

gwändt (Adj.): ‚bequem, angenehm'; wohl zu ‚(sorgsam) gewendet, eingerichtet'; ähnlich dem Lehnwort *kommod*

gwäpplt (Adj.): ‚durchtrieben, mit allen Wassern gewaschen'; vielleicht zu hochdt. *gewappnet* ‚geschützt'

Habedere: ‚meine Empfehlung', Grußformel zur Begrüßung wie zum Abschied; ursprünglich aus höfischem Kontext ‚ich habe die Ehre', heute eher in traditionsbewussten ländlichen Kreisen im Gebrauch, siehe „Hinweise zur Gesprächsführung", Kapitel IV

hāl (Adj.): ‚glatt, rutschig'; Erbwort aus dem Germanischen, das auch im Isländischen (*hálur*) und Schwedischen (*hal*) noch erhalten ist (SCHMID, 178)

Hacht, der (Subst.): ‚grober, unkultivierter Kerl'; eigentlich eine altüberlieferte Form des Vogelnamens *Habicht*, übertragen auf den Menschen über das Wilde, Ungezügelte des Habichts

Häferl, das (Subst.): Verkleinerungsform von *der Hafen* ‚Topf' (aus gleichbedeutendem althochdt. *havan*, mhd. *haven*, MWB II, 1223); *Haferl* bezeichnet aber nicht nur den kleinen Topf, sondern auch das aus der Mode gekommene Nachtgeschirr und liefert mit seiner Form wohl das Benennungsmotiv für den *Häferlschuh* (SCHMID, 139 f., KRATZER, 69 f.)

Häftlmacher, der (Subst.): ein Handwerker, der kleine Ösen und Haken herstellt; Verwendung weitgehend beschränkt auf die Wendung *aufpassen wia a Haftlmacher* ‚mit ganz besonderer Aufmerksamkeit vorgehen' (KRATZER, 21–23)

hagelbuacha (Adj.): aus Hainbuchenholz; auf Menschen angewendet in der Bedeutung ‚knorrig, grobschlächtig, starrsinnig'

halbscharig (Adj.): ‚halbherzig, ohne Engagement'; vom kraftlosen Pflügen, bei dem der Pflug nur bis zur halben Schar in die Erde gedrückt wird

häntig (Adj.): ‚bitter, sauer'; auf Menschen bezogen ‚schwierig, unmutig, abweisend' (SCHMELLER I, 1127); schon althochdt. belegt, möglicherweise im Indogermanischen verwurzelt (SCHMID, 133)

Häring, der (Subst.): mundartliche Umsetzung der auch hochdt. möglichen Verwendung von *Hering* für ‚dünner, schmaler Mann' (DUDEN, Universalwörterbuch, 750); → **Grischperl**

Häscherl, das (Subst.): ‚niedliches, schüchternes, unbeholfenes Mädchen'; Diminutiv mit der typisch bair. Verkleinerungssilbe *-erl* (→ **Bummerl**); vielleicht angelehnt an *hätscheln* ‚zärtlich, sorgfältig behandeln' (SCHMELLER I, 1192)

haut scho (Gesprächsfloskel, s. Kapitel IV): ‚alles bestens', wörtl. ‚(das) haut schon hin'

hätschn (Verb): ‚träge, schleppend, schwerfällig gehen'; „ein expressives Wort wie etwa *rutschen*, [...] ein genauerer Ausgangspunkt ist unbekannt" (KLUGE/SEEBOLD, 359)

Häxn, der (Subst.): ‚das (menschliche oder tierische) Bein'; mhd. *hahse/hehse;* „das wort hat seine heimat im bairischen und fränkischen sprachgebiet" (GRIMM 10, 738 f.), es meint ursprünglich „den kniebug an den hinterfüszen der thiere" (ebd.), später auch „den ganzen theil eines thierbeines, welcher sich zwischen dem eigentlichen fusz und dem [...] schlegel befindet" (ebd.); bei der Übertragung auf den Menschen ist im Bairischen der Bezug auf das Bein als Ganzes beibehalten worden; im Hochdeutschen ist das Wort nur in seiner eingeschränkten, auf Teile eines Tierbeines bezogenen Bedeutung in der Benennung von Fleischprodukten (*Schweinshaxe, Kalbshaxe*) erhalten geblieben

hebn (Verb): entspricht hochdt. *heben* mit seinen gebräuchlichen Bedeutungen ‚hochheben, steigern, fördern', steht darüber hinaus aber auch für ‚festhalten' (*Heb di ei* ‚Halte Dich fest') und für ‚haften, halten' (*Des hebd ned* ‚Das hält nicht, haftet nicht, ist nicht stabil')

Heigeign, die (Subst.): eigentlich das Holzgestell, auf dem das frisch gemähte Gras getrocknet wurde, dann übertragen auf überschlanke und dazu zickige Damen, ‚knochig, kicherig, kasperlhaft' (KRATZER, 189)

herent (Lokaladv.): ‚herüben'; → **drent**

herlassn, jemanden, auch **durchlassn** (Verb): ‚jemanden verprügeln'; Zusammensetzungen mit dem Präfix *her-* betonen das Gewalttätige und auf ein Ende Gerichtete einer Handlung, zum Beispiel *hernehmen, hernageln, herfotzen* (vgl. SCHMID, 119)

Herrschaftseitn (Interjektion): begleitet das hartnäckige Misslingen einer Handlung, etwa gleichbedeutend mit *verdammt noch mal;* einer der wenigen Kraftausdrücke, die ohne Bezug auf religiöse Sachverhalte auskommen, daher wohl jüngeren Datums

hinhaun (Verb): neben der hochdt. Bedeutung ‚zuschlagen' im Bairischen noch in weiteren Bedeutungen verwendet: unpers. *etwas haut hin* ‚etwas funktioniert, etwas klappt', in abgekürzter Form als Interjektion: *haut scho;* unpers. *jemanden haut es hin* ‚jemand stürzt (plötzlich, unkoordiniert)', zum Beispiel *gstreckterlängs hat's mi highaut*

hinterfotzig (Adj.): ‚verschlagen, hinterlistig'; zu → **Fotzn** ‚Mund, Maul'; in der Bildungsweise wie hochdt. *hinterrücks*, überregional bekannt geworden als Grundprinzip „der eher oberbayerischen Umgangsweisen in der Politik", was Herrn D. aus Lilienthal in Niedersachsen an der Qualifikation des gegenwärtigen bayerischen Ministerpräsidenten zweifeln lässt: „Kann das ein Franke? Kann der die bayerische ‚Hinterfotzigkeit' wirklich aus tiefster Seele?" (Süddeutsche Zeitung vom 3. April 2021)

Hirnkästl, das (Subst.): gleichbedeutend mit hochdt. *Hirn* ‚Kopf' (als Sitz des Denkvermögens), ergänzt um die räumliche Vorstellung eines Behältnisses: *kästl* ‚Kästchen'

Hoagart/Hoagascht, der (Subst.): entspricht lautlich dem hochdt. *Heimgarten,* mhd. *heimgarte* ‚eingefriedeter Garten', auch schon ‚Zusammenkunft, Versammlung' (MWB II, 1295 f.); später meint das Wort im Bairischen das gesellige Zusammensitzen mit Familie, Gesinde, Freunden oder auch Nachbarn nach getaner Arbeit in der Stube oder im Wirtshaus, heute zumeist in partieller Wiederbelebung der Tradition speziell das Zusammentreffen zum gemeinsamen, mehr oder weniger spontanen, jedenfalls nicht ausdrücklich organisierten Musizieren: die Gelegenheiten sprechen sich herum → **eisogn**

hochkant (Adv.): eigentlich ‚senkrecht, aufrecht', redensartlich *jemanden hochkant hinauswerfen* ‚ohne Umschweife, in hohem Bogen'

hocka (Verb): entspricht hochdt. *hocken*, meint aber nicht, wie dort, eine bestimmte kauernde Körperhaltung, sondern steht allgemein für *sitzen;* vgl. die Aufforderung *Hock die zuawa!*

Hōderlump, der (Subst.): Kompositum aus *Hadern* ‚Fetzen' und *Lump(en)* ‚Lumpen', also verstärktes *Fetzen* oder *Lumpen;* übertragen auf den Träger eines entsprechenden „Kleidungsstückes": ‚liederlicher Mensch, Landstreicher'; im Bairischen wie bei *Schlawiner* oder *Gauner* mit bewunderndem Unterton: ‚schlauer, listiger charmanter Bursche', → **Hundling**

Hōfa, der (Subst.): ‚Topf'; lautlich korrekte Entsprechung zu hochdt. *Hafen,* mhd. *haven,* → **Haferl**

Hoibe, die (Subst.): lautgerechte Umsetzung des hochdt. ‚(die) Halbe', im Bairischen jedoch nicht wie im Hochdeutschen auf beliebige Gegenstände zu beziehen, sondern strikt begrenzt auf eine *halbe* → Mass *Bier,* → **Quărtl**

hott (Adv.): ‚rechts'; eigentlich auf die Fuhrmannssprache beschränkt, „Ruf an die Pferde, wenn sie rechts gehn sollen" (SCHMELLER I, 1189); redensartlich erhalten: *er weiß weder hüh noch hott,* dabei ist der ursprüngliche Zusammenhang aber gestört, die Formel heißt eigentlich *wüßt oder hott* ‚links oder rechts' (SCHMID, 178), → **wüßt**

Hund, der (Subst.): gleichbedeutend mit hochdt. *Hund,* jedoch durch Attribute vielfach abgewandelt zum Schimpfwort (→ **gscherder** *Hund,* → **bläder** *Hund,* → **Sauhund**) oder auch zum Ausdruck der Bewunderung für toughe Typen: *a Hund is a scho* (→ **wuider** *Hund*, → **vareckter** *Hund*)

Hundling, der (Subst.): abgeleitet von → **Hund** in seiner rühmenden Variante, hier: ‚selbstbewusster, waghalsiger, durchtriebener Kerl'

Hundsgrippi, der (Subst.): Steigerung des geläufigen *Grippi* ‚Lausbua, Saubua'; vgl. Gerhard Polts Autobiografie (Hundskrüppel. Lehrjahre eines Übeltäters, München 2006); „Im Übrigen ist das Präfix hunds- zur pejorativen Verstärkung im Bairischen gang und gäbe: Hundsbub, Hundswetter, hundsmiserabel, hundsgemein." (KRATZER, 133)

hundsheitern (Adj.): ‚ungemein schlecht, saumäßig', auf Personen angewendet ‚gemein, niederträchtig'; zu *haid* ‚Beschaffenheit, Zustand' (SCHMELLER I, 1186 f.), schon gotisch *haidus*, althochdt. und mhd. *heit*, erhalten in der substantivbildenden Nachsilbe *heit* bzw. *keit* (*Eigenheit, Beschaffenheit, Schnelligkeit* etc.); die Minderwertigkeit wird durch das neben *sau-* beliebteste bair. Pejorativum *hund-* ausgedrückt → **Hundsgrippi**

iberdiba (Adj.): ‚überdreht, übertrieben, hysterisch'; wohl aus *über* (mit bair. Entrundung) entwickelt: ‚über die Grenzen, die Regeln, die Beherrschung' hinausgehend; kann auch substantiviert verwendet werden: *Der is a saubara Iberdiba*

ita, unbetont **it** (Negationspartikel): im südwestlichen Bairisch (Werdenfels) übliche Kurzform für *nicht*, „durch falsche Wortabtrennung aus *nit*" entstanden (ZEHETNER, Bair. Deutsch, 200)

Jessas (Interjektion): bei Überraschungen jeglicher Art anwendbar, vergleichbar dem hochdt. *O Gott!*, mit ähnlicher Profanierung einer sakralen Anrufung, hier des Gottessohnes *Jesus*; auch in Verbindungen verbreitet: *Jessas na, Jessas Maria und Josef*, verballhornt *zu jeckerl, jeckerl na* (ZEHETNER, Bair. Deutsch, 202)

k siehe auch **g** (vgl. Kapitel III, S. 28)

käsig (Adj.): abgeleitet von bair. *Kās* ‚Käse'; nur gebräuchlich zur Beschreibung eines Teints: ‚blass, ungebräunt'

Katzlmacher, der (Subst.): abschätzige Bezeichnung für Italiener, → **Gatzl**

Kachel, die (Subst.): ‚Topf', schon althochdt. und mhd. (*kachel* ‚irdenes Gefäß', LEXER I, 1492) bezeugt; Verkleinerungsform *Kacherl* ‚Töpfchen', für kleinere Gefäße überhaupt

Kirta, die (Subst.): verkürzt aus *Kirchtag*, das Kirchweihfest mit seinen Belustigungen und speziellen Speisen (*Kirtaganserl, Kirtanudeln* etc.); früh nicht mehr an den Tag der Kirchenweihe gebunden, sondern am Namensfest des Kirchenpatrons gefeiert, was bei der Vielzahl der Kirchen in Bayern und der reichen Auswahl an Heiligen zu ausschweifenden Festreigen führte; der Versuch der Obrigkeit, im 19. Jahrhundert (1806) zur Steigerung der Produktivität die Fülle der Feste einzugrenzen und auf einen Tag zu konzentrieren (3. Sonntag im Oktober), ist spektakulär und sehr bairisch gescheitert: Man feiert jetzt weiter das Kirchenpatrozinium irgendwann im Jahr und den amtlichen Kirchweihtag noch zusätzlich

Kletzn, die (Subst., meist im Plural): ‚getrocknete Birnen'; Hauptbestandteil des zur Weihnachtszeit beliebten *Kletzenbrotes*; im Singular ist *der Kletzen* ein Schimpfwort: ‚Dummkopf, Tölpel'

kliabn (Verb, Partizip Präteritum **klobn**): (Holz) ‚spalten, kleinhacken'; schon mhd. *klieben*, Partizip Präteritum *gekloben* ‚spalten'; auch noch Schilde, Helme, das Herz (LEXER I, 1624)

kommod (Adj.): ‚angenehm, bequem'; Lehnwort aus dem Französischen *commode*

krachert (Adj.): ‚knallig, auftrumpfend'; benannt nach der Lautstärke, mit der entsprechende Personen aufzutreten pflegen

Krachlederne, die (Subst.): ‚Lederhose'; zweifellos benannt nach den Geräuschen, welche das widerspenstige Leder beim Tragen machen kann, → **Kurze**

Krampfhenna, die (Subst.): Schimpfwort für eine zickige, überdrehte, also überkandidelte Frau; der zweite Wortteil bedient sich des stets zu abschätziger Verwendung geneigten Wortes *Henne*, der erste Wortteil des geläufigen Wortes *Krampf* in seiner bair. Variante: ‚Getue, Gezicke'

krautern (Verb): ziellos und gemächlich vor sich hinarbeiten; abgeleitet von dem auch hochdt. verwendeten Substantiv *Krauter* ‚Sonderling' (*alter Krauter*), bair. *Krauterer*

kudern (Verb): ‚kichern'; „in wiederholtes, halbverhaltenes Lachen ausbrechen" (SCHMELLER I, 1226), bei GRIMM XI, 1568 mit zahlreichen mundartl. Nebenformen von althochdt. q*uedan* ‚reden, sprechen' abgeleitet

Kurze, die (Subst.): ergänze: Hose; ‚kurze Hose', eingeschränkt aber auf die kurze Lederhose

lăck (Adj.): ‚lau, fade'; „von Flüssigkeiten, die frisch, kräftig seyn sollten" (SCHMELLER I, 1432), im Bairischen insbesondere abwertend auf lauwarmes Bier bezogen

Lăckl, der (Subst.): ‚grober, ungehobelter Kerl'; Lehnwort aus dem Französischen: „Das Wort leitet sich von dem französischen General Ezechiel du Mas, Comte de M*elac* her, der in Diensten Ludwigs des XIV. in der Pfalz brandschatzte und sich in der Öffentlichkeit meist mit einem Rudel scharfer, großer Hunde zeigte, die er auch auf Menschen hetzte." (SCHMID, 160); davon ausgehend war *Lackel* noch im 19. Jahrhundert die Bezeichnung für

„große, besonders Metzger-Hunde" (SCHMELLER I, 1432); die Übertragung auf entsprechend aggressive Menschen ist dann offenbar neueren Datums

Ladenbudel, die (Subst.): ‚Ladentheke', in Läden aller Art; Kompositum zu *Budel* (aus franz. *bouteille* ‚Flasche') ‚Trinkgefäß, Flasche'

langa (Verb): in unpersönlicher Verwendung: *es langt* ‚es reicht, es genügt', auch zur Beschreibung besonderen Überdrusses: *mir langts;* in gesteigerter Form: *es langt (mir) in d'Haut nei;* zum komplexen Zusammenhang mit *verlangen* und *belangen* ‚belästigen' vgl. SCHMELLER I, 1490 f.; in persönlicher Konstruktion: *er langt mir eine* ‚er ohrfeigt mich', mit Ersparung des Objekts (*Watschn, Schelln* o.Ä.) zur Grundbedeutung ‚sich ausstrecken, um etwas [...] darzureichen' siehe SCHMELLER I, 1490

lätschert (Adj.): ‚schlapp, lustlos, gelangweilt'; zu *latschen* ‚schlapp einhergehen'; vgl. auch *Latschen* für ‚ausgetretene Schuhe' (SCHMELLER I, 1542)

Lätschn, die (Subst.): ‚Mund, Maul' (SCMELLER I, 1543: ‚großer Mund'); besonders der missmutig oder beleidigt verzerrte Mund (*mach jetzt koa Lätschn!*)

Lätschnbeni, der (Subst.): träger, langweiliger Typ, einer, der immer eine Lätschn macht; *Beni*, Kurzform des Personennamens *Benedikt*, steht für eine beliebige männliche Person

Lattn, die (Subst.): entspricht hochdt. *Latte* ‚schmales Brett', wird bair. mit gleicher Bedeutung verwendet, häufig aber auch in der Redewendung *(jemanden) auf der Lattn ham* ‚jemanden nicht leiden können'; wohl von einer ähnlichen Vorstellung ausgehend wie beim Kerbholz, in das Vergehen und Sünden eingeritzt werden

Lauser, der (Subst.): liebevolle Kurzform von *Lausbub*, → **Gribbi**

Leich, die (Subst.): wie hochdt. *Leiche*, jedoch mit der zusätzlichen Bedeutung ‚Beerdigung, Begräbnis' (*Des is a scheene Leich* ‚das ist eine schöne Beerdigung')

Loamsiada, der (Subst.): eigentlich Berufsbezeichnung ‚Leimkocher'; wohl wegen der sitzenden Tätigkeit und der Bindung an die Arbeitsstelle abwertend für ‚Langweiler, Lahmarsch'

Loas, die (Subst.): das Mutterschwein, abgeschwächt das weibliche Hausschwein überhaupt; tritt wie *Sau* (aber mit noch stärkerer Betonung des Ordinären) in die Funktion eines Schimpfwortes für eine unsaubere, schlampige, sexuell unkontrollierte Frau ein: ‚Schlampe'

Loferl, die (Subst., Plural): kurze, nur die Waden bedeckende Trachtenstrümpfe, die zur kurzen Lederhose getragen werden

Mais, die (Subst., Plural): ‚Mäuse' (mit Entrundung wie in → **Breiss** statt *Preuße*), auffällig in der Gesprächsfloskel *mach Mais* (s. Kapitel IV, S. 42), etwa ‚das kann doch nicht wahr sein'; wohl zu der bei Ludwig Zehetner aufgeführten Bedeutung ‚Sprüche, unwahre Geschichten, Lügenmärchen' (ZEHETNER, Bair. Deutsch, 244)

Mass, die (Subst.): entspricht dem hochdt. *das Māß*, im Bairischen jedoch, als Femininum und mit kurzem *a*, zur Bezeichnung der gängigen Biereinheit (1 Liter) zugespitzt, → **Hoibe**, → **Quǎrtl**

Mǎssl, das (Subst.): ‚Glück' im Sinne von ‚glücklicher Zufall, glückliche Fügung'; *Mǎssl* ist kein Zustand, *Mǎssl* hat man, wenn zum Beispiel drohendes Unheil schadlos vorübergeht; aus dem hebräischen *mazzalot* ‚Geschick' über das Jiddische ins Bairische gelangt

Mǎtz, die (Subst.): Kurzform zum Eigennamen *Mathilde* (SCHMELLER I, 1702); die Entwicklung zum Schimpfwort ‚liederliche, durchtriebene Frau' ist ungeklärt

mei! (Interjektion): wohl verkürzt aus *(o) mein (Gott)!* (ZEHETNER, Bair. Deutsch, 244); wichtig in der gerne verwendeten Floskel *Ja mei!*, mit der der Bayer schicksalsergebene Indifferenz signalisiert: *Was solls!* oder *Da kann man nichts machen!*

Mensch, das (Subst.): das hochdt. Allerweltswort *(der) Mensch* kann im Bairischen auch mit neutralem Artikel verwendet werden (SCHMELLER I, 1628 f.); ändert dann aber zumeist seine Bedeutung zu ‚liederliche, zügellose Frau, Hure'

Mérci: Dankesformel, aus dem Französischen entlehnt, aber mit dezidiert bair. (germanischer) Anfangsbetonung zum saloppen bair. Kennwort geworden; in der Verbindung *Mérci Mausi* auch als abwehrende Konversationsfloskel zu verwenden, im Sinne von *Nein danke!* oder auch *Du liebe Zeit!*, bair. etwa *Mir glangts* oder auch *Mi hast ghaut*

Mistbritschn, die (Subst.): ‚Miststück', zu dem auch hochdt. geläufigen *Pritsche* ‚Liege aus Brettern', bair. auch ein kurzes Schlaginstrument aus Brettern, auch die scherzhafte meist aus Pappe hergestellte Waffe des Clowns im Fasching; *Mistbritsche* ist ein kurzes Brett, mit dem der Mist verdichtet wird; die Entwicklung zum Schimpfwort für bösartige, liederliche Frauen ist rätselhaft

Muhackl, der (Subst.): ein grober, wortkarger, einfältiger Kerl; Herkunft ungeklärt, vielleicht angelehnt an *Haken* für das Verbogene, Verquere, kombiniert mit dem Muh des Rindviehs

nachad (Adv. und Konjunktion): eigentlich Zeitadverb ‚später, nachher', dann aber auch Erweiterung der zeitlichen Abfolge zur kausalen, besonders in konditionalen Gefügen ‚wenn …, dann': *wennst kumma waarst, nachad hetst a Bussl kriagt'* (zur Argumentation s. GREWENDORF, 155–158)

nageln (Verb): ‚Nägel einschlagen', eines der zahlreichen Hüllwörter für den Geschlechtsverkehr; vgl. die Liedstrophe:

„Heirat' i an Kramer, muas i aufs Land,
Heirat' i an Schinder, is's mir a Schand,
Heirat' i an Nagelschmid,
hab i Tag und Nacht koan Frid:
gniglt, gnogt, gnaglt muas sei."

neigschmegt: Partizip Präteritum zu dem wenig gebräuchlichen Verb *neischmegga* (entspricht dem hochdt. seltenen ‚hineinschmecken'), ‚oberflächlich mit etwas Kontakt aufnehmen, sich locker mit etwas beschäftigen'; zumeist in substantivierter Form verwendet: *a Neigschmegta* ist jemand, der nur vorgibt, Bescheid zu wissen, aber in Wirklichkeit keine Ahnung hat, insbesondere meint es den → **Breissn**, der sich als Bayer gebärdet; aus der Innenperspektive entspricht dem *reigschmegt* und der *Reigschmegte*

nigelnogelnei (Adj.): Verstärkung des Adjektivs *neu*, ‚von Grund auf neu, gänzlich neu'; das Verstärkungselement *nigelnagel* baut auf dem eine gewisse Unseriosität suggerierenden Verdoppelungseffekt auf wie in *Mischmasch, Hickhack, Tingeltangel* (ZEHETNER, Bair. Deutsch, 256); populär vor allem im → **Schnodahipferl**, das mit der sexuellen Bedeutung des Verbs → **nageln** spielt:
„Hob a nogelneis Kammerl,
hob a nogelneis Bett,
hob a nogelneis Madl,
aba nigelnogeln derf i's ned."

ninderscht (Adv.): ‚nirgendwo'; Negation des mhd. *iender* ‚irgendwo'

Noagerl, das (Subst.): der Rest im Krug, wenn das Bier *zur Neige* geht; davon das Schimpfwort *Noagerlzuzler* ‚einer, der die Bierreste der anderen austrinkt' (→ **zūzeln**)

Nommidog, der (Subst.): ‚der Nachmittag'; durch Assimilationen aus dem hochdt. Wort entstanden

Notscherl, die (Subst., meist im Plural): kleine Münzen, vernachlässigenswerte Geldmenge: *wos wuist denn mit deine pōr Notscherl?;* vielleicht über das österr. *Nedsch* ‚Kleingeld' aus ungar. *négy* ‚vier' (so ZEHETNER, Bair. Deutsch, 258)

Oasch, der (Subst.): ‚Arsch', auch als Schimpfwort ‚Trottel, Depp'; lautgerechte Entsprechung zu hochdt. *Arsch;* zahlreiche, teilweise auch hochdt. geläufige Redensarten (BWB I, 594–599), besonders charakteristisch: *des is wia wen ia an oasch hintri greif* (für das vergebliche Bemühen, jemanden zum Handeln zu bewegen ‚wie wenn ich an die Wand rede') und *ums oaschlecka* für das Verfehlen eines Ziels ‚um Haaresbreite'

ōba, auch **ōbi** (Adv.): ‚herunter/hinunter', zum Beispiel *vom Berg oba/obi, in Keller oba/obi;* die alten Unterscheidungen nach der Betrachtungsrichtung (vom Sprecher weg, auf den Sprecher zu, SCHMID, 186 f.) sind aufgegeben

Obacht, die (Subst.): ‚Acht haben auf etwas, Achtsamkeit, Vorsicht'; häufig in der Verbindung *Obacht gebn* ‚vorsichtig sein' (*Obacht gebn, länger lebn*)

ōbandeln (Verb): Versuch, eine erotisch konnotierte Verbindung zu einem Vertreter oder einer Vertreterin des anderen Geschlechts herzustellen; in lautlicher Angleichung (*anbändeln*) ins Hochdeutsche übernommen

Ōbazda, der (Subst.): angerührter (*angebazder* → **Bāz**) Weichkäse, bevorzugt aus reifem Romadur und Camembert, mit Öl, Paprikapulver, Pfeffer, Schnittlauch; wird gerne als Kultgericht zum Eingewöhnen in bairische Lebensart missbraucht

obdackeln (Verb): ‚umbringen, töten'; bei Johann Andreas Schmeller noch in der milderen Variante: ‚jemanden wegbringen, wegschaffen', aber in einem auf Napoleon bezogenen Beleg von 1814 auch schon für *occidere* ‚ermorden, töten' (SCHMELLER I, 583)

obfieseln (Verb): zu → **fieseln** ‚kleine Bewegungen machen' (SCHMELLER I, 767 f.); heute vor allem als Präfixbildung im Gebrauch mit der Bedeutung ‚abnagen', zum Beispiel Knochen; auch beim sportlichen Zweikampf: ‚dem Gegner keine Chance geben', siehe auch → **zerfieseln**

obgē (Verb): entspricht hochdt. *abgehen;* neben den zahlreichen, im Hochdeutschen üblichen Bedeutungen (‚etwas verlassen, an etwas entlanggehen, abgeschickt werden, abzweigen' u. Ä., vgl. DUDEN, Universalwörterbuch, 80) im Bairischen vor allem für ‚sehnsüchtiges Entbehren' verwendet: *du gēst ma ob* ‚du fehlst mir, ich sehne mich nach dir'

obischwoam (Verb): wörtl. ‚hinunter schwemmen'; → **ōba**; wird vor allem in der Aufforderung *schwoam ma's obi* verwendet, ‚schwemmen wir es hinunter', mit der dazu aufgerufen wird, Ärger jedweder Art in Bier zu ertränken

ös (Personalpronomen, 2. Person Plural, Nominativ): ‚Ihr' in respektvoller Anrede, ehemaliger Dual, vgl. Kapitel III, S. 32 f.

ōhabig (Adj.): ‚aufdringlich, lästig', besonders in erotischer Absicht; zu *haben* in der vor allem in der Nebenform *heben* gebräuchlichen Bedeutung ‚haften, festhalten': *des hebt net* (SCHMELLER I, 1032: „sich gern anhängend und schwer abzubringen")

ōkāsn (Verb): ‚auf die Nerven gehen, nerven', *etwas kāst mi o*, wohl neueren Datums

ōlegn, etwas (Verb): eine nur im Bairischen geläufige Nebenbedeutung des hochdt. *anlegen* (Plan, Garten, Geld etc.), ‚(ein Kleidungsstück) anziehen' (SCHMELLER I, 1455): *Legst heit dei schēne Joppen o?*

p siehe auch **b** (vgl. Kapitel III, S. 28)

Parapluie, das (Subst.): ‚Regenschirm'; Lehnwort aus dem Französischen (*Parapluie* = gegen den Regen), ähnlich auch *Parasol* ‚Sonnenschirm' (BWB I, 1136 f.)

pfeigrōd (Adv.): wörtl. gerade wie ein Pfeil, ‚auf geradem Wege, ohne Umweg'; wird als Beteuerungsfloskel wie als

Überraschungsruf eingesetzt: *tatsächlich!, wirklich!*, ähnlich → **brettlbroad**

Pflām, der (Subst.): wie hochdt. *Flaum* ‚flauschiges Haar, flauschige Feder', im Bairischen aber bevorzugt verwendet für die schneeweiße, flauschige Feder als Schmuck auf dem Hut des Mannes (SCHMELLER I, 450), neben Spielhahnfeder und Gamsbart

Pflānz, die (Subst., meist im Plural): ‚Scherze, dummes, prahlerisches Gerede, Ausreden'; wohl Rückbildung aus → **jemanden pflanzen**

pflanzen (jemanden) (Verb): neben der im Hochdeutschen üblichen Bedeutung ‚in die Erde setzen' im Bairischen auch auf Personen zu beziehen: jemanden ‚austricksen, übers Ohr hauen, hereinlegen'

pflennen (Verb): ‚weinen', „zumal unartiges, kindisches, weibisches" (GRIMM III, 1768 f.); mundartl. auch außerhalb des Bairischen weit verbreitet, zumeist in der Form *flennen;* etymologische Herkunft ungeklärt (GRIMM ebd.; KLUGE/SEEBOLD, 272)

pfōsen (Verb): ‚schnauben, schwer atmen, keuchen'; vielleicht aus lautmalerischer Nachahmung entstanden (KLUGE/SEEBOLD, 87: „Lautgebärde für ‚die Luft aus den aufgeblasenen Backen ausstoßen'"); ähnlich *pusten, fauchen,* bair. *pfnausen, pfnasten* (SCHMELLER I, 452)

pfüatdi: Grußformel zum Abschied; ‚behüte Dich (Gott)'; auch im Plural *pfüats eich*, mit altem Dual *pfüat enk* (→ **enk**); zur lautlichen Herleitung (Ausfall des *e* und anschließende Assimilation des *bh* zu *pf*) s. ZEHETNER, Bair. Deutsch, 270 f. Die volle Form ist erhalten in *pfüa god/pfia god*

pfundig (Adj.): ‚großartig, schwer in Ordnung'; abgeleitet von der Gewichtsbezeichnung *Pfund*, bei Johann Andreas Schmeller deshalb auch noch ‚ein Pfund schwer' (SCHMELLER I, 435)

Quărtl, das (Subst.): Viertelliter; von lat. *quartulum* ‚kleines Viertel'; → **Hoibe**, → **Mass**; „(inakzeptable) Biereinheit" (SCHMID, 253, 158)

Quetschn, die (Subst.): ‚Ziehharmonika', Akkordeon; benannt nach der Druckbewegung beim Spielen (die gegenläufige Bewegung führt zur → **Ziach**); bevorzugt für die chromatische Variante verwendet

Rādi, der (Subst.): die bair. Kurzform für den *Rettich;* wichtiges Element der Grundausstattung für den erfolgreichen Biergartenbesuch; die bair. Form ist sicherlich gestützt durch die Nähe zu lat. *radix* ‚Wurzel'

Ramerl, das (Subst.): „was sich bey der Bereitung von Mehlspeisen an das Kochgeschirr anbäckt oder ansetzt und gewöhnlich als besonders schmackhaft abgescharrt wird" (SCHMELLER II, 88), vgl. frz. *Gratin*; zu *ram* ‚Schmutz, Ruß'

Rämmel, der (Subst.): ‚grober, unhöflicher Kerl', wohl nicht mit hochdt. *Ramme*, dem schweren Bergwerksgerät, zusammenhängend, sondern mit *Ram* ‚Schmutz, Ruß'; *Rammel* ist belegt als ‚rußiger, schmutziger Mensch' (SCHMELLER II, 88)

Rana, die (Subst.): ‚Rote Bete, rote → **Ruam**'; herkömmlicher Name der Runkelrübe (SCHMELLER II, 117), heute eingeschränkt auf die Rote Bete

räss (Adj.): ‚herb, scharf'; schon althochdt. (*rāzi*) und mhd. (*ræze*) in dieser weiten Bedeutung geläufig (SCHMELLER II, 137f.), heute zumeist Geschmacksbezeichnung bei Speisen, kann aber auch auf den Charakter von Personen bezogen werden: ‚abweisend, herrisch, widerborstig'

Rätschkatl, die (Subst.): ‚Klatschbase'; metonymische Personalisierung der → **Ratschn** durch Kombination mit dem Personennamen *Kathl* (abgekürzt aus Katharina)

rātschn (Verb): wohl zu mhd. *ratzen* ‚kratzen, rasseln' (BMZ IIb, 584), dann das knarrende Geräusch der Klapper, mit der in der Karwoche das Glockengeläut ersetzt wird → **Ratschn** (SCHMELLER II, 190); daraus erst nhd. auf das Plappern schwatzender Frauen übertragen: ‚schwatzen, plaudern' (SCHMELLER: „verächtlich")

Ratschn, die (Subst.): zu → **rātschn** ‚rasseln'; zunächst die Klapper ‚Rassel' aus der Osterliturgie, dann erst neuzeitlich übertragen auf menschliche Subjekte: ‚schwatzhafte Person' (SCHMELLER II, 190), ‚Plaudertasche'

Reiberdatschi, der (Subst., meist im Plural): kleine flache Fladen (→ **Datschi**) aus geriebenen Kartoffeln, ‚Kartoffelpuffer, Reibekuchen'

roasn (Verb): lautliches Äquivalent zu hochdt. *reisen;* die davon abweichende bair. Bedeutung ‚eilen, rennen' könnte in Anlehnung an hochdt. *rasen* entstanden sein

Ruach, der (Subst.): ‚gierige, unersättliche Person'; zu mhd. *ruoch* ‚die Sorgfalt, Bemühung', vgl. hochsprachl. *ruchlos* ‚bedenkenlos, skrupellos'; im Mittelhochdeutschen noch *ruochelôs* ‚unbekümmert, sorglos'

Ruam, die (Subst.): ‚Rübe'; lautlich korrekte Umsetzung des hochdt. *Rübe*; wird in der Benennung verschiedener Rübensorten verwendet, bes. in *geiwe Ruam* ‚gelbe Rübe, Karotte', *rote Ruam* ‚Rote Bete', besonders beliebt auch im Schimpfwort *gscherde Ruam* ‚blöde Ziege' o.Ä.

ruoschlad (Adj./Adv.): ‚hastig, unbesonnen'; zum Verb *ruoschen* (vgl. bair. *ruoscheln*) ‚unbesonnen handeln' (vgl. engl. *to rush*: „Sollte es einmal ein Ablautverb *rascan*, praet. *ruosc* gegeben haben?", SCHMELLER II, 157 f.); bedeutungsverwandt mit *Rausch*

Sakra: Interjektion oder auch Erstbestandteil eines Kompositums (*Sakradi, Sapradi, Sapralott* u.a., auch *Sackl Zement*); von lat. s*acrament* mit der häufig zu beobachtenden Umdeutung sakraler Namen zu Flüchen, wobei die Anstößigkeit dieses Missbrauchs durch Verkürzung oder Verballhornung des Ausgangswortes verschleiert werden soll; „Um dem Wort um so sicherer alle sündliche Beziehung auf das Heilige zu benehmen, wird weislich das -ment weggelassen, und blos das im Deutschen sinnlose Sackra, Sickara [...] verwendet" (SCHMELLER II, 221; vgl. dort auch den Beleg: „Ja, Sakra, aber ment hab ich nicht dazu gsagt.")

Sau, die (Subst.): das weibliche Hausschwein (→ **Loas**); auf Menschen bezogen ‚unappetitlicher, verwahrloster Mensch', so auch im Kompositum *Saubär*; aber auch anerkennend verwendet für ‚durchtriebener Kerl', mit dieser Konnotation, stets an der Grenze zum Negativen, weit verbreitet, ähnlich *Hunds-* (→ **Hundsgrippi**) als Steigerungspräfix: *Saubua, Sauhammel, Sauhund* etc.; auch zur Verstärkung von Adjektiven geeignet: *saudumm, saufrech, sauguat, saubläd* etc.; verneint wird das Simplex (wie im Hochdeutschen) auch als eine Art unbestimmtes Pronomen gebraucht: ‚niemand, kein Mensch', *des interessiert doch koa Sau* (vgl. hochdt. *kein Schwein*)

sauber (Adj.): entspricht hochdt. ‚sauber', auch in dieser Bedeutung verwendet, häufig jedoch mit der erweiterten Bedeutung ‚wohlgelungen, ansehnlich'; beliebt vor allem: *a saubers Madl, a sauberer Bursch*; auch als Interjektion zu verwenden (s. Kapitel IV, S. 41)

schallern, jemandem eine (Verb): ‚jemandem eine Ohrfeige geben'; wohl Rückbildung aus → **Schelln**

scheissn (Verb): ‚koten'; im Bairischen *sich etwas scheissn* ‚vor etwas zurückschrecken, Angst vor etwas haben'; redensartlich *Scheiß da nix, dann feit da nix*; dazu auch *Schiss* ‚Angst, Respekt', → **Schisser**

Schelln, die (Subst.): ‚Ohrfeige'; wohl zum bair. nicht mehr belegten starken Verb *schellen* in der isländisch bezeugten Bedeutung ‚schlagen, anschlagen, brechen'; vgl. auch *verschellen* ‚verrenken, prellen' (SCHMELLER II, 396); in erweiterter Form als *Maulschelle* seit dem 16. Jahrhundert (Martin Luther) im Deutschen verbreitet

Schelln (Subst.): der Name der Karo-Karte im sehr bairischen Kartenspiel Schafkopf, wohl nach der Form des Symbols, die an Schellen erinnert

scheps (Adj.): ‚schief'; erst frühneuhochdt. belegte Intensivbildung *(schepp/scheppes)* zu *schief* (KLUGE/SEEBOLD, 717)

Scherzl, das (Subst.): ‚Anschnitt'; vor allem beim Brot: ‚Knust' (SCHMELLER II, 472: „Stück Brot, besonders das vom Laib zuerst abgeschnittene und das zuletzt bleibende", dazu auch der *Scherzelgeiger);* wohl zu ital. s*carso* ‚knapp, spärlich'

schiach (Adj.): ‚hässlich'; zu mhd. *schiech* ‚scheu, verzagt' (LEXER II, 724); die dort selten (z. B. im „Eckenlied") bezeugte Nebenbedeutung ‚abschreckend, hässlich' hat sich im Bairischen durchgesetzt

schiagln (Verb): ‚schielen'; entspricht mit *g* als (ursprünglichem) Hiatus-Trenner dem hochdt. *schielen*, etymologisch mit *scheel* verwandt, also ‚schief schauen'

schicken, sich (Verb): zusätzlich zu den hochdt. üblichen Verwendungsweisen im Bairischen in reflexivem Gebrauch: ‚sich beeilen'

Schisser, der (Subst.): ‚Angsthase, Feigling', einer, der sich vor Angst in die Hose macht (*scheißt* → **scheissn**); vgl. hochdt. *Hosenscheisser*

Schlawack, der (Subst.): ‚Gauner, Schlawiner'; entstellt aus *Slowake* (ähnlich dem eher hochdt. *Schlawiner*), herabsetzend wohl wegen des schlechten Rufes herumziehender Händler; dazu auch *schlawaken* ‚unverständlich reden' (SCHMELLER II, 539)

schleicha, sich (Verb): ‚sich (mehr oder weniger) unauffällig entfernen'; wichtig in der unwirschen Aufforderung *schleich di* ‚Hau bloß ab'

Schmarrn, der (Subst.): ‚Unsinn, Quatsch'; bezeichnet ursprünglich wohl die beliebte Mehlspeise österreichischer Herkunft, *(Kaiser-)Schmarrn*, deren Bezeichnung von *Schmer* ‚Fett' (und dem Kaiser Franz Joseph als besonderem Fan) abzuleiten ist; dass die Übertragung der Bezeichnung von der Mehlspeise auf das unsinnige Gerede mit der Alltäglichkeit der Mehlspeise erklärt werden kann (Ludwig Merkle bei KRATZER, 162), ist eher produktiver Fantasie zuzuschreiben

schmeißn (Verb): zusätzlich zu den nhd. üblichen Bedeutungen (‚werfen' etc.) auch in unpersönlicher Konstruktion: *es schmeißt jemanden* ‚jemand stürzt'

Schmeizler, der (Subst.): Schnupftabak; hochdt. *Schmalzler*, üblicherweise in der abgekürzten Form *Schmei* verwendet; zerriebener, mit Fett (daher der Name *Schmalzler*) versetzter Tabak, der durch die Nase konsumiert wird

schmiern, jemandem eine (Verb): ‚jemanden ohrfeigen'; vgl. *Schmurre* ‚Maulschelle' bei Hans Sachs (SCHMELLER II, 556), dort im weiteren Zusammenhang von *Schmer* ‚Fett', *schmiren* ‚einfetten' abgehandelt; vgl. *jemanden abschmirben* ‚jemanden durchprügeln' (SCHMELLER II, 555)

Schmoiz, das (Subst.): hochdt. *Schmalz* ‚ausgelassenes Fett', bair. in gleicher Bedeutung verwendet, daneben aber häufig auch für ‚Körperkraft, Muskelkraft': *Host a Schmoiz?*

schnacksln (Verb): für den Geschlechtsverkehr, ‚vögeln'; wohl eine späte Neubildung, populär geworden durch Karl Valentins „Die alten Rittersleut" (*Wollt' ein Ritter einmal schnackseln, / musst' er aus der Rüstung kraxeln*), eher in Misskredit gebracht durch die Fürstin Gloria von Thurn und Taxis; naturgemäß gibt es für diese bevölkerungspolitisch erwünschte Betätigung zahllose, meist verhüllende Vokabeln (z. B. → **nageln**, *werkeln*, *dengeln* und viele mehr, Zusammenstellung bei SCHMID, 118–120)

Schnodahipferl, das (Subst.): zu *schnodern* (*schnattern* ‚quasseln') und *hüpfen* (im Sinne von ‚tanzen'); volkstümliche, meist vierzeilige, gereimte Liedstrophe (ein Beispiel unter → **nigelnogelnei**), die beliebig oft gereiht werden kann; ähnlich dem → **Gschtanzl**, aber in der Regel ohne die dort meist üblichen (lokal)politischen Anspielungen

Schoaß, der (Subst.): ‚Pfurz'; Substantivierung des Verbs → **scheissn**; auch redensartlich für besonders kurze Zeitintervalle: *olle Schoaß lang* ‚alle fünf Minuten'

Schräzn, die (Subst., meist im Plural): eher abschätzig für (quengelige, lästige) Kinder; Erbwort aus dem Germanischen (vgl. isländisch *skratti* ‚Kobold, böser Geist', SCHMID, 177)

Schwammerl, der (Subst.): eigentlich ‚Pilz', häufig aber verwendet für eine tolpatschige Person, zumeist mit betont nachsichtig-liebevoller Konnotation

servus (Grußformel, s. Kapitel IV, S. 40): kolloquiales ‚Guten Tag'; aus dem lat. *servus* ‚Knecht, Sklave' übernommen, aber ohne dass die Bedeutung noch anklänge, vermittelt wohl durch das höfische ‚ergebener Diener'

soacha (Verb): ‚pinkeln, bieseln '; „causalbildung zu dem starken [althochdt.] verbum *sîhan* [...] ‚leise tröpfelnd fließen', in der ursprünglichen bedeutung ‚fließen machen, tröpfeln lassen" (GRIMM XVI, 168); „fein verhüllender ausdruck für das natürliche geschäft, der, lange zeit unbefangen gebraucht, nach und nach unflätig und gemieden wird" (ebd.); ähnlich → **brunzn**

spanna (Verb): zu *spannen* ‚etwas anspannen' (SCHMELLER II, 672 f.); auch ‚die Aufmerksamkeit gespannt auf etwas richten, etwas wahrnehmen, merken': *Host as ā scho gspannt?;* vgl. auch hochdt. *spannen* ‚aufmerksam beobachten' (vgl. *der Spanner*)

speim (Verb, Präteritum **gschpiem**): zu hochdt. s*peien*, mhd. *spīwen* (Partizip *gespīwen*, LEXER II, 1102*)*, aber in der Bedeutung konzentriert auf ‚erbrechen, kotzen'; in der positiven Bedeutung noch erhalten in der Wendung *in d'hend speim* ‚in die Hände spucken' als Aufforderung, bei der Arbeit zuzupacken (SCHMELLER II, 653)

Spezl, der (Subst.): ‚vertrauter Freund'; aus lat. *amicus specialis* ‚besonderer, spezieller Freund' (SCHMELLER II, 692: ‚Busenfreund'); entspricht dem norddt. *Kumpel* (KRATZER, 25 f.); in der Nebenform *Spezi* auch Bezeichnung für eine Mischung aus Cola und Limonade

Spinatwachtl, die (Subst.): ‚wunderliche, verschrobene Frau'; aus *spinnate* (→ **spinnăt**) *Wachtel (*KRATZER, 140); die abwertende Verwendung des Vogelnamens *Wachtel* erklärt sich vielleicht aus dessen Nebenbedeutung *Dirne (*GRIMM XXVII, 175)

spinnăt (Adj.): zu hochdt. *spinnen* ‚nicht bei Verstand sein', eigentlich also ‚verrückt', aber eher verharmlosend gebraucht im Sinne von ‚überdreht, exaltiert'

spitzn (Verb): gebräuchlich vor allem in der Wendung *do werst spitzn* ‚da wirst du staunen'; zu *spitzen auf etwas* ‚auf etwas lauern.' (SCHMELLER II, 694); anknüpfend an auch hochdt. gebräuchliche Wendungen wie *die Ohren spitzen* ‚staunen` (GRIMM XVI, 2601 f.)

Springginggerl, der (Subst.): hippelige, überdrehte, auch etwas unzuverlässige Person, meist männlichen Geschlechts; Erweiterung von *springen,* die das Wesen solcher Menschen lautlich nachahmt

Spreißl, der (Subst.): ‚Spahn, Splitter'; mhd. *sprīʒel* (BMZ IIa, 552); zu *spreißln* ‚spalten, splittern' (SCHMELLER II, 706)

stād (Adj.): zu mhd. *stæte* ‚beständig' (LEXER II, 1146); ‚ruhig, still', bei Menschen ‚zurückhaltend, schüchtern' (*des is hoit a stāder*), auch auf Bewegung zu beziehen: ‚langsam, beherrscht', wie im traditionellen Tanzlied *Stād, stād, dass's uns net drāt*; als feste Verbindung besonders *die stāde Zeit* zwischen Weihnachten und Neujahr (oder Dreikönig), mancherorts auch für die Adventszeit

Steckerlfiaß, die (Subst., stets im Plural): Zusammensetzung aus *Fiaß* ‚Füße' (→ **Fuas**) in der bair. Bedeutung ‚Bein' und *Steckerl* ‚Stöckchen' (vgl. *Steckerlfisch),* also Beine wie dünne Stöckchen

Stenz, der (Subst.): auch hochdt. ‚selbstgefälliger, geckenhafter junger Mann', durch Helmut Dietls „Monaco Franze – Der ewige Stenz" zum bair. (Münchner) Kennwort geworden

Stiangglanderrass, die (Subst.): ‚Promenadenmischung', Hund von unbestimmter Abstammung, quasi auf dem Stiegengeländer entstanden (*Stiege* ‚Treppe'; KRATZER, 88)

Stranitzn, die (Subst.): ‚Tüte'; früher im Tante-Emma-Laden übliche Bezeichnung für die gängigen spitzen Papiertüten, in die allerlei Kleinkram (*Guttis*!) verpackt wurde, heute eher nostalgischen Kunden vorbehalten; unverständlich ist die Erklärung in GRIMM 19, 873: „seltenere Umgestaltung des gleichbedeutenden *Scharmützel*"

strawanzn (Verb): ‚streunen, ziellos herumschweifen'; zu lat. *extra vagare* ‚außerhalb herumschweifen' (SCHMID, 163)

Striezi, der (Subst.): charmanter, charakterlich etwas unzuverlässiger ‚Flaneur'; aus dem tschech. *strýc* ‚Onkel', auch ‚Zuhälter' (AMMON, 179)

Sunnawind, der (Subst.): Wind aus Richtung Sonne, also Süden, der von den Alpen ins Oberland herabwehende Südwind: ‚Föhn'

t siehe **d** (vgl. Kapitel III, S. 28)

überreissn (Verb): ‚durchschauen, verstehen'; am ehesten anzuknüpfen an hochdt. *überreißen* im Sinne von ‚eine Figur [...] in flüchtigen umrissen zeichnen' (GRIMM XXIII, 469); zu *reißen* ‚skizzieren, entwerfen'; vgl. *Abriss*, *Aufriss* etc. und das engl. *to write*

umara (Präposition): einfache Erweiterung des hochdt. *um* (SCHMELLER I, 77); steht für ‚gegen, circa' bei Zeitangaben: *umara fimfe, umara achte* ‚gegen fünf Uhr, gegen acht Uhr'

umbackt (Adj.): ‚unhandlich, unförmig', wohl für ‚schwer zu packen' im Sinne von ‚schwer zu ergreifen'; *um* (aus *un*) steht hier dann als Verneinungspartikel

ummi (Adv.): zeitlich ‚vorüber, vorbei': *der Winter is ummi*, örtlich ‚hinüber': *mir farn nach Lenggries ummi;* zu den diffizilen, zumeist aber heute eingeebneten Unterscheidungen bei den Richtungsadverbien siehe SCHMID, 186–188

Varreckerl, das (Subst.): ein minderwertiges, kaum lebensfähiges Exemplar einer Spezies (*a kloans varreckerl*), zu hochdt. *verrecken*

varreckt (Adj.): eigentlich ‚auf unangenehme Weise aus dem Leben geschieden', zu hochdt. *verrecken*, im Bairischen aber häufig zur Bezeichnung der besonderen Schwierigkeit einer Aufgabe (SCHMID, 145): ‚kompliziert, vertrackt' (*a varreckte streck, a varreckte melodie*), bei Personen auch für herausgehobene Leistungsfähigkeit, besonders in *a varreckta hund* ‚ein verteufelter, staunenswerter Kerl'

vergäggeln (Verb): ‚vertändeln, verspielen, verschludern'; wohl zu mhd. *gogel* ‚froh, vergnügt' (MWB II, 844); vgl. auch *gogelheit* ‚Zügellosigkeit, Übermut', *gogellich* ‚ausgelassen' u.Ä. (ebd., 845)

vergroadelt (Verb, Partizip): ‚verdreht, verrenkt, verknotet'; wohl zu *graitln/groadln* ‚auseinanderspreizen' (SCHMELLER I, 1016)

verhunăckeln (Verb): ‚verschandeln, verderben, verhunzen'; von den Wörterbüchern noch nicht erfasst, in mündlicher wie schriftlicher Kommunikation aber sehr geläufig

verhutzelt (Adj.): ‚verschrumpelt'; zu *Hutzel* ‚gedörrte Birne, Dörrobst' (SCHMELLER I, 1195 f.); vgl auch *Hutzelware* ‚schlechte Ware' (ebd.)

versaubeitln (Verb): „Der gemeine Mann setzt diese Vorsilbe [ver-] unnötiger Weise an fremde Verba" (SCHMELLER I, 843); vielleicht liegt hier ein Reflex dieser alten Gewohnheit vor oder es wird die Vorsilbe *ver* wie auch im Hochdeutschen üblich (*verschmerzen* u.Ä.) ohne Weiteres zur Bildung von Verben aus Substantiven benutzt; das zugrunde liegende Simplex *Saubeitl* ist in dieser Form nicht belegt, erschließt sich aber aus der Verwendung des bair. Allerweltspejorativs *Sau-* (SCHMELLER II, 199 f.) und einem abschätzig verwendeten *-beitl*, das ganz allgemein einen wenig geschätzten Akteur bezeichnen kann (SCHMELLER I, 304: „verächtlich: Mannsperson")

verzwunzn: Partizip zum nicht belegten Verb *zwinzen* (SCHMELLER II, 1179); ‚verkniffen, verdreht'

verzupfen, sich (Verb.): ‚sich aus dem Staub machen, verschwinden'; wohl Neubildung unter Verwendung der Vorsilbe *ver-* ‚weg'

vogelwuid (Adj.): Steigerung von *wuid* (*wild*) ‚ungezähmt, ungehobelt, verwegen', daher ‚wüst, außer Rand und Band'

Voressen, das (Subst.): entgegen der wörtlichen Bedeutung keine Vorspeise, sondern ein veritables Hauptgericht: gekochte Kutteln in einer essigsauren Sauce, serviert mit Semmelknödeln

wāchs (Adj.): ‚scharf, spitzig'; bezeichnet heute eine steinige, unangenehm spitzige Bodenbeschaffenheit, die das Barfußlaufen schmerzhaft macht; ein germanisches Erbwort, das auch in den skandinavischen Sprachen noch erhalten ist (SCHMELLER II, 839; SCHMID, 177)

Wādl, der (Subst., vor allem im Plural): ‚Unterschenkel'; insbesondere dessen Muskulatur (hochdt. *die Wade*) wird, mit unterschiedlichen ästhetischen Konnotationen, auf Frauen wie auf Männer angewendet (SCHMELLER II, 849)

Wādlbeisser, der (Subst.): hartnäckiger, zäher Verfolger, einer, der sich in eine Aufgabe verbeißt; wohl vom Bild des Hundes abgeleitet, der sein Opfer nicht loslässt

Wādlstrimpf, die (Subst., meist im Plural): Kniestrümpfe, vor allem die zur → **Kurzn** getragenen

Wātschn, die (Subst.): ‚Ohrfeige'; vielleicht, ähnlich wie bei *Ohrfeige*, abgeleitet von der Stelle, auf die geschlagen wird, dem Ohr, bair. *Ohrwaschel*; oder von der Interjektion *watsch* ‚schnell, unverhofft' abgeleitet: „schnell und unverhofft fallend" (SCHMELLER II, 1057 f.)

Wāttn, das (substantiviertes Verb): ein beliebtes, vor allem im Wirtshaus praktiziertes Kartenspiel, aus dem Italienischen (*battere* ‚schlagen, klopfen') übernommen (SCHMID, 129); ohne hochdt. Äquivalent

Wēda, das (Subst.): entspricht hochdt. *Wetter*, bair. jedoch auch eingeschränkt auf die Bedeutung ‚Unwetter, Gewitter': *auf d'Nacht kimmt heit bestimmt a wēda*

Weiberts, das (Subst.): erweiterte Form von *Weib*; bezeichnet ursprünglich eine Mehrzahl von Frauen (SCHMID, 146), heute mit abschätziger Bedeutung auch auf einzelne Vertreterinnen des Geschlechts zu beziehen; der von Gerhard Polt erfundene Kurort „Bad Hausen" fiel zum Beispiel seinerzeit „wie oft in der Geschichte durch Verrat von einem Weiberts" in die Hand der Feinde

Weigling, der (Subst.): flache Tonschale, in der die Milch zur Rahmbildung aufgestellt wird (SCHMELLER II, 878)

Weinberl, das (Subst.): ‚Weinbeere, Rosine'; Verkleinerungsform von *Weinbeere*

Wimmerl, das (Subst.): ‚Pickel'; bair. vor allem in der auf Personen bezogenen Wendung *neigierigs, lästigs Wimmerl* ‚neugierige, lästige Person' geläufig

wuisln (Verb): ‚jammern, sich beklagen, drängeln'; irreguläre Lautvariante zu hochdt. *wimmern* (SCHMELLER II,1030)

Wurst, die (Subst.): zweifelsohne ein hochdt. geläufiges Wort, allerdings nicht im redensartlichen Bereich, denn wenn einem auf bair. *alles wurscht ist,* geht es nicht mehr um die Wurst, sondern dann ist einem alles egal

wüßt (auch **wüstara**): ‚links'; zu geläufigem mhd. und schon germanischem *winster* (SCHMID, 178); bis vor einigen Jahren noch benutzt in der Fuhrmanns- und Bauernsprache: den Zugtieren (Pferden und Ochsen) wurde mit *wüß* oder *hott,* mit ‚links' oder ‚rechts', der Weg gewiesen; heute noch im Refrain des alten Fuhrmannsliedes erhalten: „I schrei hü, und i schrei ho, / Ja i schrei allerweil wüstara ho."; → **hott**

y: Schriftzeichen aus dem griechischen Alphabet; von dem allem Griechischen zugeneigten bayerischen König Ludwig I. entlehnt zur orthographischen Markierung des neuen Staates

zāch (Adj.): ‚zäh'; schon althochdt. (*zāhi*) und mhd. (*zæhe*) mit gleicher Bedeutung belegt (LEXER III, 1021; SCHMELLER II, 1099)

zammbutzn (Verb): ‚zur Rede stellen, (verbal) niedermachen, beschimpfen'; aus hochdt. *zusammen* und *putzen* ‚säubern, in Ordnung bringen', wie in hochdt. *herunterputzen*

zānluckert (Adj.): für jemanden mit einer Zahnlücke

Zausel, der (Subst.): wirrer, etwas gebrechlicher Mann; trotz der Bedeutungsverschiebung wohl zum Verb *zausen* ‚ziehen, verwirren, zerzausen' (SCHMELLER II, 1154)

zeam (Adj.): ‚zünftig, toll'; meist prädikativ verwendet: etwas (ein Fest, ein Auftritt, ein Ereignis) ist *zeam*; von althochdt. *gizāmi*, mhd. *gezæme* ‚geziemend, gemäß, angenehm' (MWB II, 755)

Zeitlang, die (Subst., in der bair. Bedeutung ohne Artikel verwendet): neben der hochdt. Bedeutung (‚eine Weile, eine Zeitspanne') auch redensartlich verwendet: *Zeitlang haben nach etwas* ‚Sehnsucht haben, sich sehnsüchtig an etwas zurückerinnern'; häufig im Zusammenhang mit Heimweh

zerfieseln (Verb): ‚zernagen, zerfressen, in kleinste Teile zerlegen', auch auf Texte oder musikalische Werke anwendbar: ‚analytisch zergliedern'; abgeleitet von → **fieseln** ‚kleine Bewegungen machen', → **obfieseln**

Ziach, die (Subst.): ‚Akkordeon, Ziehharmonika'; vom Ziehen als Bewegung zur Tonerzeugung (im Unterschied zur → **Quetschn**); bevorzugt für die diatonische (steirische) Variante verwendet

Zeigl, das (Subst.): ‚Kram, Glump'; Verkleinerungsform von *Zeug*

zepfat (Adj.): ‚fad, wehleidig, lahmarschig'; von *zepfen/zepseln* „in einzelnen kleinen Ansätzen kümmerlich" vorangehen (SCHMELLER II, 1143)

Ziefern, die (Subst.): unangenehme, zänkische Person weiblichen Geschlechts; anwendbar auf Damen jeglicher Gesellschaftsschicht, am ehesten an *Un-geziefer* ‚unreines Tier' (KLUGE/SEEBOLD, 848) anzuknüpfen, also vielleicht ‚lästiges Kleinzeug'

Zipfe, der (Subst.): entspricht hochdt. *Zipfel*, im Bairischen auch als despektierliche und dennoch freundschaftliche Anrede verwendet: *du Zipfe* ‚du oider Depp, du komischer Vogel, du Schlawiner'

zuawi (Adv.): ‚heran'; vergleichbar dem hochdt. *herzu*

zuawiziager, der (Substantiv): ein Gerät, mit dem man etwas (scheinbar) heran (→ **zuawi**) ziehen kann: ‚Fernglas'

Zuchtl, die (Subst.): ‚schlampig, liederliche, ordinäre Weibsperson' (KRATZER, 144); nur auf besonders verabscheuungswürdige Damen anzuwenden, denn eigentlich ist *Zuchtl* die Zuchtsau (SCHMELLER II, 1108 f.)

zūzeln (Verb) ‚saugen, aussaugen' (SCHMELLER II, 1168); Puristen behaupten, die Weißwurst müsse man *auszuzeln*

Zwetschgenmandl, das (Subst.): abgeleitet von den aus Dörrpflaumen gebastelten Figürchen: ‚schmächtiger, unansehnlicher Mann'

zwīder (Adj.): wie hochdt. *zuwider* ‚unangenehm', aber häufiger attributiv gebraucht (SCHMELLER II, 860):

‚schlecht gelaunt, missmutig' (*a zwīderer mensch, a zwīders Wei*); beliebt auch die Substantivierung *Zwiederwurzn*

zwinga, etwas (Verb): ‚bezwingen' (SCHMELLER II, 1178); im Bairischen im Zusammenhang mit Speisen auch ‚etwas aufessen können, damit fertigwerden'

VI. Anhang

Vokabelheft

Tragen Sie hier bitte Ergänzungen nach Ihren eigenen Beobachtungen ein!

Wiedereingliederungsmaßnahme
(für Berliner und andere Norddeutsche)

Der Berliner Jemsenjäger
Wenn die Jemsen springen über Berjesjipfel
Singt der Jemsenjäger seine Haderschnipfel.
„Jute Jemse", spricht er, „halt man still,
weil ik dir man runter puffen will!"
holtriotrio, holtrietrio holtriotiejadiareh.

Saß ik janz jemütlich vor nem Alpenhause,
blick uf det Jebirje – Jott welch Aujenschmause!
Da mit einem Male – mir zum Hohn –
kam ne Jemse her mit ihrem Sohn.
holtriotrio, holtrietrio holtriotiejadiareh.

Mensch, die waren bede scheußlich anzuschauen.
Schwarz und weiß jefleckt, na ik bekam det Jrauen!
Muttern trug am Kopfe een Jeweih,
aber Glöckchen trugen alle zwei.
holtriotrio, holtrietrio holtriotiejadiareh.

Und der Jemsensohn, der wollt mir wohl necken,
ik fasst kühnen Mut und ließ mir nicht erschrecken
kam die Jemsenolle flugs herbei
Wollt mir spießen mit dem Mordjeweih
Wollt mir spießen mit dem Mordjeweih.
holtriotrio, holtrietrio holtriotiejadiareh.

Wollt mir schleppen in die finstre Jemsenhöhle,
wollt mir dort verschlingen – o du meine Seele!

In der Finsternis, ach sank ik hin!
Ach ik seh dir nimmermehr, Berlin!
holtriotrio, holtrietrio holtriotiejadiareh.

Kam ein andermal vor so ne Käsehütte,
frug det Käsefräulein, ob det hier so Sitte,
dat man auf die Pfade Bohnen streut,
wat wohl hier zu Lande det bedeut.
holtriotrio, holtrietrio holtriotiejadiareh.

Und det Käsefrollein lachte unjeheuer,
"wat, dat kennste nich? Dat sind doch Jemseneier!
Sind janz frisch jelegt, sogar noch feucht,
pass man uff, mein Freund, wat da enkräucht!
holtriotrio, holtrietrio holtriotiejadiareh.

Ja, ik kooft sie teuer, diese Jemseneier,
doch ik war betrogen, Fräulein hat jelogen!
Hab schon sieben Jahr det Zeug zu Haus –
nich die Spur von Jemse kroch heraus.
holtriotrio, holtrietrio holtriotiejadiareh.

Ach det Jemsenschießen, ach det Alpenleben!
Kann es wohl auf Erden noch wat Schönres jeben?
Leider jibt es keene Sennerin
und auch keene Berje in Berlin.
holtriotrio, holtrietrio holtriotiejadiareh.

aus: Das leibhaftige Liederbuch, hrsg. von Walter Schmidkunz und seinen Mitarbeitern Karl List und Wastl Fanderl, Erfurt 1938, S. 453–455

Literatur

AMMON   Ulrich Ammon: Die deutsche Sprache in Deutschland, Österreich und der Schweiz, Berlin 1995.

ausgesprochen bayerisch   ausgesprochen bayerisch. Lebensart, Handwerk und Bräuche in Oberbayern in den Fünfzigerjahren, Fotografien von Paul Ernst Rattelmüller, Texte von Norbert Göttler. 2. Auflage, München 2021.

BMZ   Mittelhochdeutsches Wörterbuch mit Benutzung des Nachlasses von Georg Friedrich Benecke, ausgearbeitet von Wilhelm Müller und Friedrich Zarncke, Leipzig 1854–1861.

BWB   Bayerisches Wörterbuch, hrsg. von der Kommission für Mundartforschung der Bayerischen Akademie der Wissenschaften, Band 1–4,1, München 2002–2020.

DUDEN, Universalwörterbuch Deutsches Universalwörterbuch, 4. neu bearbeitete und erweiterte Auflage, Mannheim 2001.

DWB   Deutsches Wörterbuch von Jacob Grimm und Wilhelm Grimm, Neubearbeitung, Leipzig 1981–2006.

GREWENDORF   Günther Grewendorf: I mog di obwoist a Depp bist. Warum Bairisch genial ist, München 2021.

GRIMM   Deutsches Wörterbuch von Jacob Grimm und Wilhelm Grimm, Leipzig 1854–1971 [Zitiert nach dem Nachdruck in 33 Bänden, München 1984].

KLUGE/SEEBOLD   Kluge. Etymologisches Wörterbuch der deutschen Sprache, bearb. von Elmar Seebold, 23., erweiterte Auflage, Berlin/New York 1995.

KRATZER   Hans Kratzer: Ausgesprochen Bairisch. Von Mongdratzerln, Tschamsterern und anderen sprachlichen Kostbarkeiten, München 2012.